W9-ADW-602

LE BIDULE DE DIEU

LE BIDULE DE DIEU

TOM HICKMAN

Traduit de l'anglais par Philippe Paringaux

Robert Laffont

Titre original : God's Doodle : The Life and Times of the Penis

ISBN : 978-2-221-13560-0
(édition originale : ISBN 978-0-224095532, Square Peg, Londres)

« Il prend racine dans mon âme, ce gentil-
homme !
Et parfois je ne sais que faire de lui !
Oui, il a sa volonté propre et il est difficile
à satisfaire.
Mais en aucun cas je ne voudrais sa mort. »

D. H. Lawrence,
L'Amant de Lady Chatterley

PROLOGUE

Frères siamois

C'est une vérité universellement admise : tout homme recourt à son pénis pour penser. Physiologiquement, certes, la chose est impossible. Mais ainsi que l'a remarqué Gennifer Flowers, une ancienne maîtresse de Bill Clinton, à propos des téméraires frasques présidentielles avec Monica Lewinsky : « Il réfléchissait avec son autre tête » – une analyse qui confirme l'existence du phénomène et souligne le pouvoir du pénis, à même de réduire à néant les processus mentaux les plus complexes, et ce bien que lui fassent défaut les cent millions de cellules nerveuses qui constituent l'autoroute neuronale du cerveau.

Il y a cinq siècles déjà, Léonard de Vinci, déconcerté par la relation qui unit l'homme à son pénis, rapportait en écriture inversée dans un de ses carnets de notes :

> [Le pénis] entretient des rapports avec l'intelligence humaine et fait parfois preuve d'une intelligence qui lui est propre ; lorsqu'un homme a besoin de le voir stimulé, il

reste inerte et n'en fait qu'à sa tête ; mais d'autres fois il se meut de lui-même sans que son maître lui en ait donné l'autorisation ou même y ait songé. Que l'on soit éveillé ou endormi, il fait ce qui lui plaît ; souvent, l'homme est endormi tandis qu'il est éveillé ; souvent, l'homme est éveillé mais lui endormi ; ou l'homme voudrait qu'il se mette en action, mais il refuse ; et parfois il a besoin d'action alors que l'homme le lui interdit. C'est pourquoi il nous semble souvent que cette créature possède une vie propre et une intelligence distincte de celles de l'homme.

Selon Sophocle, posséder un pénis revient à être « enchaîné à un fou » – lequel fou est capable de prendre le contrôle sur son propriétaire. *Ven der putz shteht, light der sechel in drerd* : « Quand le sexe se dresse, le cerveau de l'homme rentre sous terre », affirme un proverbe yiddish. En pareil cas, à en croire les Japonais, le possesseur devient « possédé », *sukebe* – un bonhomme ridicule à la remorque du coquin débauché qui loge entre ses jambes.

On ne peut nier qu'à certains égards la possession d'un pénis confère à son propriétaire une compréhension tronquée du monde. Dès l'enfance, il a tendance à considérer son pénis comme enchanteur à la fois pour lui-même et pour les autres, le génie de la lampe qui, lorsqu'on la frotte, exauce ses vœux (du moins celui qu'il formule).

Il nierait bien entendu farouchement que cette chose puisse déteindre sur son psychisme et sa personnalité : après tout, un homme digne de ce nom ne saurait valoir moins que la seule somme de ses… parties. Or un pénis a incontestablement le pouvoir d'infliger des humiliations ou de faire naître des dilemmes éthiques : est-ce l'homme qui arbore le pénis, ou le pénis qui arbore l'homme ? Ou, pour aller plus loin, y a-t-il quelque vérité dans la malicieuse affirmation du dramaturge Joe Orton selon laquelle « l'homme n'est rien de plus qu'un appareil d'assistance respiratoire pour son pénis » ? C'est là le fondement même d'une schizophrénie qui dure autant que la vie.

De tout temps, l'attitude des femmes envers le pénis n'a pas été moins ambivalente que celle des hommes. Que le pénis ait la possibilité d'exister en dehors du contrôle de son propriétaire peut, à l'occasion, amener les femmes à le considérer elles aussi comme une entité séparée de lui, raison pour laquelle Simone de Beauvoir remarquait dans *Le Deuxième Sexe* que les mères parlent de leur pénis à leurs garçons en bas âge comme d'une « petite personne… un alter ego d'habitude plus rusé, plus intelligent et plus adroit que l'individu », confortant ainsi dès le début de sa vie sa croyance en une dualité entre lui et « lui ». Comme Batman et Robin. Par la suite, des féministes plus radicales que Beauvoir ont jeté l'opprobre sur le pénis sans pourtant parvenir à se libérer de cette perception duale. « On ne rencontre jamais un homme seul, résumait ainsi une féministe. Ils sont toujours deux : lui et son pénis », le ton navré sous-entendant que le pénis devrait pouvoir être « séparable », tel un six-coups que l'on remet au barman pour éviter qu'il cause des ennuis dans un saloon. Le féminisme a présumé que le « seul » fait de posséder un pénis expliquait des milliers d'années d'emprise masculine sur la religion et la philosophie, sur la pensée politique, sociale et historique et sur l'Histoire elle-même.

Force est de constater qu'une telle affirmation passe largement au-dessus d'au moins l'une des têtes de tout possesseur de pénis.

« La taille du pénis n'a pas vraiment d'importance. Comme on dit, ce n'est pas la longueur du bateau qui compte, c'est celle du mât divisée par la surface de la grand-voile et soustraite de la circonférence de la pompe d'assèchement. Ou un truc comme ça. »

Donna Untrael

« AUSSI VARIÉS QUE LES VISAGES »

En 1963, le sort du gouvernement britannique fut suspendu aux parties génitales d'un de ses ministres.

Après avoir perdu, peu de temps auparavant, son ministre de la Guerre John Profumo à la suite de la liaison que celui-ci entretenait avec la prostituée Christine Keeler, l'administration conservatrice de Harold Macmillan vacilla sur ses bases quand le onzième duc d'Argyll entama une procédure de divorce contre son épouse Margaret. Il l'accusait d'adultère avec quatre-vingt-huit hommes non nominalement cités, parmi lesquels trois membres de la famille royale, trois acteurs hollywoodiens et non plus un mais deux ministres en exercice. Le duc fit sensation en exhibant des polaroïds, alors une nouveauté, dont l'un présentait sa femme portant pour tout vêtement un collier de perles en train de gratifier un homme d'une fellation dans la salle de bains de son domicile de Belgravia, tandis qu'une série de quatre autres clichés montraient un homme en train de se masturber, allongé sur le lit conjugal, et étaient ainsi légendés : « Avant », « Je pense à toi », « Pendant – oh » et « Terminé ». Qui était l'« homme sans tête », comme le baptisèrent les journaux – impossible à identifier en raison du cadrage des photos ? Un grand nombre de noms circulèrent, mais rapidement l'acteur Douglas Fairbanks Junior et Duncan Sandys, ministre de la Défense et par ailleurs gendre de Winston Churchill, se retrouvèrent sous le feu des projecteurs.

Sandys eut beau jurer à Macmillan qu'il n'était pas le coupable, le Premier ministre avait besoin de certitudes, car l'implication d'un autre ministre dans un nouveau scandale sexuel aurait entraîné à coup sûr la chute du gouvernement. Il demanda donc à Lord Denning, le président de la cour d'appel, d'ouvrir une enquête. Denning convoqua cinq suspects, parmi lesquels Sandys et Fairbanks, au ministère des Finances où un graphologue compara leur écriture avec les légendes des polaroïds. Dans l'attente des résultats, Denning envoya Sandys chez un spécialiste de Harley Street, qui confirma que les organes génitaux ministériels n'étaient pas ceux représentés dans la séquence masturbatoire.

Denning fut, de plus, en mesure d'affirmer au Premier ministre que l'écriture n'était pas non plus celle de Sandys, mais celle de Fairbanks (chose qui ne fut rendue publique que près de quarante ans plus tard). De son côté, la duchesse d'Argyll se garda de confirmer quoi que ce soit tout au long du reste de sa longue vie. Mais elle laissa entendre sans trop d'ambiguïté que deux hommes et non pas un seul figuraient sur les photos : le masturbateur n'était pas celui qui bénéficiait d'une fellation, lequel était en réalité Sandys. Est-il nécessaire de préciser que l'enthousiasme avec lequel la duchesse

« administrait » ses soins dans sa salle de bains rendait toute comparaison entre les deux pénis impossible ?

Certaines femmes ont tendance à affirmer avec dédain que lorsqu'on a vu un pénis on les a tous vus, mais les pénis sont infinis tant par la variété de leurs dimensions que de leurs formes ou de leurs coloris. Ils peuvent être longs, courts, gros, minces, trapus, droits, bulbeux ou assez coniques pour emplir le réservoir situé au sommet d'un préservatif, coudés de droite à gauche ou de haut en bas, circoncis ou non, lisses ou aussi fripés qu'un chiot sharpei ; et ils se présentent vêtus de rose, de caramel, de pêche, de lavande, de chocolat ou de bronze noir en fonction des origines ethniques de leur possesseur, encore que pas seulement : la plupart des pénis sont d'une teinte plus sombre que les corps de leurs détenteurs, et certains de façon frappante – « plus bronzés », comme le formulait délicatement le couple danois Inge et Sten Hegeler dans *An ABZ of Love* publié en 1963, l'année même du scandale de l'« homme sans tête », et qui allait devenir à l'époque un best-seller. De façon imagée, les Hegeler considéraient les pénis comme « aussi variés que les visages ». Plus éloquent encore, au cours de la décennie suivante, Alex Comfort décréterait, lui, dans *Les Joies du sexe*, le guide sexuel le plus vendu de tous les temps, que les pénis possèdent également « une personnalité ».

Que les pénis soient ou non aussi différents entre eux que les visages, les caricaturistes ont de tout temps comparé l'appareil génital mâle à un visage : celui d'un très vieil homme doté d'un nez particulièrement laid et d'un œuf coincé dans chacune de ses flasques bajoues (il est indéniable qu'au-delà de la puberté, tout pénis semble plus âgé que son possesseur). Même la tête (ou gland) du pénis a été comparée à un visage, chose qui nécessite un gros effort d'imagination, à moins peut-être de la considérer comme du « fœtal précoce ». « Une petite frimousse tellement sérieuse », dit Thelma du pénis de Harry Angstrom, interrompant un instant sa fellation avant de poursuivre son analogie en remarquant que la peau non circoncise qui enveloppe le gland turgescent du pénis en question ressemble à « un petit bonnet » (John Updike, *Rabbit est riche*). Plus sérieusement, ou plus tristement, la poétesse Ronnie Roberts trouvait les pénis si atroces que, dans son poème « Portrait of a Former Penis Bigot » (Portrait d'une ancienne dévote du pénis), elle révéla qu'elle avait l'habitude de dessiner au feutre des visages souriants sur ceux de ses amants – de quoi modifier, peut-être, le regard que l'on posera désormais sur les smileys.

Tout au long des siècles, l'ouverture urétrale située à l'extrémité du pénis a été comparée soit à un œil (*Jap's eye*, ou « œil jap », en argot anglo-saxon moderne, tandis que les lettrés des années 1920 mentionnaient très fréquemment Polyphème, le Cyclope et son œil unique), soit à une minuscule bouche, à laquelle fait référence le poète élisabéthain Richard Barnfield dans un sonnet qui débute par : « Douces lèvres de corail où repose le trésor de la nature » (pour éviter toute interprétation erronée de ce vers, il n'est pas inutile de préciser que Barnfield était homosexuel). Dans l'Angleterre élisabéthaine, le mot d'argot populaire servant à désigner le pénis était « nez » ; d'ailleurs, aujourd'hui encore, de l'autre côté de la planète, au Japon, on attribue familièrement au pénis le nom d'un farfadet folklorique nommé Tenggu affublé, pour son plus grand malheur, d'un organe olfactif démesuré.

On a toujours attribué au pénis des noms d'hommes, histoire, pourrait-on dire, de mettre un nom sur un visage : les plus populaires en Angleterre étaient Peter, Percy, Rupert et Roger – un nom traditionnellement attribué aux taureaux et aux béliers reproducteurs – ainsi que John ou John-Thomas, employés jusqu'à nos jours (ce dernier doit sa renommée à l'usage qu'en fait D. H. Lawrence dans *L'Amant de Lady Chatterley*), ou encore Willy. Dick, pourtant aussi ancien que tous les précédents, n'a rejoint la fratrie pénienne qu'à la fin du XIXe siècle, et ce non pas parce qu'il rimait avec *prick* (pine), mais en tant que diminutif de *dickory dock*, argot rimé cockney désignant le *cock* (zob). Si Roger n'existe plus en tant que surnom, il a pendant des siècles été un verbe bien-aimé, comme en témoigne le journal intime de William Byrd de Westover. Le 26 décembre 1711, il écrivait de sa femme : *I rogered her lustily* (Je l'ai baisée avec délices), et de nouveau, le 1er janvier 1712 : *I lay abed till 9 o'clock this morning... and rogered her by way of reconcilation* (Je suis resté au lit jusqu'à neuf heures du matin... et l'ai baisée en manière de réconciliation).

Certains hommes donnent à leur pénis des surnoms (Clinton peut-il vraiment avoir appelé le sien Willard ?) parce que, comme le dit la blague, ils ne veulent pas se laisser mener à la baguette par quelqu'un qu'ils ne connaissent pas.

Les mâles anglo-saxons n'avaient pas de pénis. C'étaient des hommes à membre viril. Il y a plus ou moins cinq cents ans, ces hommes sont devenus des hommes « pivots » ou des hommes *pillicock* (mot d'origine scandinave venant de *pillie*, « pénis »).

Quand ces termes moyenâgeux furent considérés comme vulgaires, à la fin du XVIe siècle, *pillicock* fut réduit à *cock* (*pillicock* nous laissant en héritage le moins offensant *pillock*, « couillon ») et *cock*, ainsi que *prick*, devinrent les référents acceptables, aussi choquant que cela puisse paraître pour des oreilles contemporaines : aux XVIe et XVIIe siècles, les jeunes filles parlaient affectueusement de leur petit ami en l'appelant *my prick* (ma bite). À la fin du XVIIe siècle, l'emploi de *prick* disparut de la bonne société, ainsi que celui de *cock*, ce dernier laissant cependant un héritage linguistique important : *apricocks*, *haycocks* et *weather-cocks* devinrent *apricots* (abricots), *haystacks* (meules de foin) et *weathervanes* (girouettes) ; dans le même temps, les puritains américains transformaient *water cock* en « robinet » et *cockerel* (coquelet) en *rooster*. Les hommes étaient désormais équipés d'un *yard* – dérivé d'un terme médiéval désignant une canne ou un bâton arboré en signe d'autorité et non pas comme une mesure de longueur des plus optimistes.

Lorsque le XVIIIe siècle s'enticha de termes latins, *yard* devint finalement « pénis » tandis que *tarse*, qui avait perduré au moins dans les cercles littéraires, tira sa révérence – au grand dam des poètes scatologiques (« pénis » ne rimant pas avec *arse*, « cul »). Le terme romain classique pour désigner le pénis était l'évocateur *mentula*, qui signifie « esprit étroit ». Mais les linguistes du XVIIIe siècle optèrent pour l'idiomatique *penis*, qui signifie « queue », un terme qu'ils préférèrent non seulement à *mentula*, mais aussi au plus argotique romain *gladius*, ou « glaive » – lequel, dans la mesure ou *vagina* signifie « gaine » ou « fourreau », convenait idéalement.

Glans, le mot latin désignant la tête du pénis en érection (et signifiant « gland », ce à quoi avec un peu d'imagination elle peut ressembler), fut également adopté dans l'anglais courant – même si la plupart des gens s'en tinrent aux très anciens *knob* (bouton de porte), *helmet* (casque), *bellend* (bout) et, bien sûr, *head* (tête). *Come, Kate, thou art perfect in lying down : come, quick, quick, that I may lay my head in thy lap*, « Viens, Kate, tu es la perfection même étendue : viens vite, vite, que je puisse reposer ma tête sur ton giron. » (Shakespeare, *Henry IV*, acte I, scène III).

Le reste de l'attirail subit lui aussi la loi de la latinisation ; ce à quoi les Anglo-Saxons et leurs descendants se référaient comme des *cullions*, des *ballocks* (plus tard orthographié *bollocks*) ou des *stones* (« pierres », employé de façon récurrente dans la *Bible du roi James* de 1611) et, entre le XVIe et le XVIIIe siècle, comme des *cods* (de *codpiece*, « brague ») devint dès lors des « testicules », de *testiculus* ou « témoin » – les Romains considéraient leurs testicules comme de « petits témoins de virilité », assurent les étymologistes (*cf.* 2e partie).

À une époque où tout un chacun connaissait par cœur sa Bible, l'« arsenal d'Adam », « Nemrod » (le fabuleux chasseur) ou le « bâton d'Aaron » (le bâton du patriarche qui, en fleurissant, produisait des amandes) figuraient parmi les sobriquets, les néologismes et les tropes que les hommes inventaient pour parler de leurs parties génitales – autant de noms peu susceptibles d'être rencontrés de nos jours sur les chiches sites Internet consacrés à la terminologie génitale.

À travers les âges, les hommes ont également appliqué au pénis tous les synonymes imaginables : légumes et fruits en tout genre, animaux – le serpent et l'anguille se retrouvent dans presque toutes les cultures, tout comme la tortue serpentine à tête de phallus dans les cultures moyen-orientales. Les Italiens parlent couramment du pénis comme d'un oiseau ou d'un poisson, ainsi que le faisaient il y a plus de cinq mille ans les Sumériens. Certains outils, certaines armes ont toujours occupé une place de choix dans le vocabulaire pénien, comme « glaive », dont la Rome antique n'avait pas l'exclusivité – Shakespeare l'employait, de même que des termes comme « pique », « lance », « pistolet » et « hache ». À mesure que l'arsenal guerrier s'étoffait, le pénis fut comparé à des armes de plus en plus puissantes parmi lesquelles, entre autres, les torpilles, les bazookas et les roquettes.

Toute ingéniosité verbale mise à part, *cock* (bite), *prick* (zob) et les génériques *tool* (outil) ou *weapon* (arme) restent, ainsi que leurs équivalents dans d'autres langues, les mots les plus communément employés en Angleterre pour désigner le pénis, de même que *balls* (boules) et *nuts* (« noix », abréviation de l'appellation du XVIIe siècle *nutmegs*, « noix de muscade ») pour les testicules à lui appariés. Les Britanniques continuent d'entretenir un petit faible pour *bollocks*, *knackers* (d'un verbe médiéval signifiant « châtrer » – une association d'idées pas forcément des plus heureuses), *cobblers* (« cordonniers », encore du cockney rimé désignant une alêne de cordonnier) et, datant du temps des colonies indiennes, *goolies* (d'un mot hindou désignant tout objet rond). L'alternative favorite des Américains à « testicules » est *rocks* (rochers), *stones* (pierres) n'étant apparemment pas assez évocateur pour un pays où tout se doit d'être plus grand.

Comme il existe des gens qui croient à la morpho-psychologie (lecture des visages), à la phénologie, à la chiromancie ou à la podomancie (examen des pieds), il en existe d'autres qui croient que la phallomancie, laquelle fait l'objet d'une longue tradition au Tibet et en Inde, permet de deviner à la fois le caractère et la destinée d'un homme. Les Tibétains estiment ainsi qu'il est préjudiciable pour un homme d'être suréquipé : si son pénis atteint ses talons lorsqu'il s'accroupit, sa vie ne sera que chagrin, mais si la longueur de son pénis ne dépasse pas la largeur de six doigts, alors il deviendra riche et bon époux. Des croyances similaires ont cours chez les hindous, qui sont exposées dans le *Brihat Samhita*, un traité astrologique sanscrit rédigé au VIe siècle avant J.-C. L'homme trop bien doté sera pauvre et n'aura pas d'enfants ; celui dont le pénis est droit, court et tendineux deviendra riche, tout comme celui dont le gland n'est pas très développé. L'homme dont le pénis incline vers la gauche connaîtra lui aussi la misère, tout comme celui dont le gland présente une dépression en son milieu – et celui-là n'engendrera que des filles. Si l'on en croit encore le *Brihat Samhita*, l'homme pourvu de testicules jumeaux deviendra roi ; celui dont les testicules ne sont pas parfaitement identiques se consolera en demeurant toujours friand de sexe.

Questions de taille

C'est quoi, grand ? C'est quoi, petit ? C'est quoi, la norme ? Et où se situer par rapport à elle ? Il y a six cents ans, quand Vatsyayana rédigea le *Kama Sutra*, le plus ancien guide sexuel de tous les temps inspiré par des textes vieux pour certains de huit cents ans, il classifia les hommes en fonction de la taille de leur *lingam* (pénis) en érection. Les « lièvres » correspondaient à la largeur de six doigts, les « taureaux » à huit et les « étalons » à douze, des dimensions qui peuvent varier entre 11 et 23 centimètres ou entre 15 et 30 centimètres, en fonction de la taille de la main – un détail que Vatsyayana avait omis de préciser, même si la plupart des Asiatiques ayant une ossature fine, leurs mains sont a priori plutôt petites.

Une telle imprécision n'aurait su convenir aux victoriens. S'ils ne furent pas les premiers à tenter d'étudier de façon scientifique la sexualité humaine, ils le furent, en revanche, à s'y essayer à partir de données statistiques et empiriques, stimulés qu'ils étaient par le progrès scientifique et une toute nouvelle discipline nommée « psychanalyse ». Comme on pouvait s'y attendre, le pénis et la taille du pénis, généralement en érection, constituèrent un sujet central de ces études. Le Dr Robert Latou Dickinson consacra sa vie à effectuer des centaines de croquis pris sur le vif montrant des pénis au repos et en érection (croquis qu'il ne publia sous le titre *Atlas of Human sex Anatomy* qu'en 1949, à l'âge de quatre-vingt-huit ans). L'une des érections qui figurent dans l'ouvrage mesurait 33,8 centimètres de longueur et 15,6 centimètres de diamètre, la plus considérable jamais scientifiquement constatée. Plus récemment, un fêtard new-yorkais nommé Jonah Falcon a montré à suffisamment de journalistes pour qu'il subsiste peu de doutes à ce sujet que, scientifiquement constatée ou pas, la sienne égalait celle précitée.

La fiction érotique abonde en pénis de telles proportions. Dans *Les Mémoires de Fanny Hill, femme de plaisir*, le roman érotique de langue anglaise le plus célèbre (roman que John Cleland écrivit il y a deux cent cinquante ans afin d'être libéré de la prison où il était enfermé pour dettes), l'héroïne éponyme rencontre des organes « pas moins gros que mon poignet et au moins aussi longs que trois de mes mains », « un mât enrubanné de taille si considérable que, eussent les proportions été respectées, il aurait appartenu à un jeune géant » et, plus impressionnant encore, un pénis dont « le gland colossal n'était pas sans ressembler, par sa teinte et sa taille, à un cœur de mouton : si bien que l'on aurait pu jouer aux dés sur son large dos ». L'immense majorité des pénis amarrés à l'homme sont cependant de moindre calibre. Après la Seconde Guerre mondiale, Alfred Kinsey supervisa mille huit cents entretiens approfondis avec des hommes et accumula des données péniennes sur un total de trois mille cinq cents individus avant de conclure, dans *Le Comportement sexuel de l'homme* publié en 1948, que le pénis en érection moyen mesurait 15,7 centimètres, la « plupart des individus » se situant dans la marge comprise entre 12,2 et 21,6 centimètres et n'atteignant que dans des « cas extrêmes des dimensions supérieures ou inférieures ». De fait, l'érection la plus courte à laquelle Kinsey assista mesurait 2,5 centimètres et la plus longue 26,6 centimètres. L'érection présentant le diamètre le plus court était de 5,4 centimètres et la plus importante était supérieure à 19, la moyenne générale étant de 11,4.

Professeur de zoologie à l'université d'Indiana, Kinsey était mondialement connu pour ses travaux sur les guêpes. Après que l'université eut créé un cours sur la sexualité dans le mariage et le lui eut confié, il se lança dans l'étude du sexe et finit par créer son célèbre institut. Une étudiante fut tellement enthousiasmée par ses diapositives et ses représentations qu'elle écrivit : « De mon point de vue, le comportement du pénis a toujours été fascinant ; aujourd'hui, il me paraît plus merveilleux encore. » Une autre se montra manifestement moins enthousiaste. Lorsque Kinsey lui demanda lequel des organes humains était capable de la plus importante expansion, elle rougit. « Professeur Kinsey, vous n'avez pas le droit de me poser cette question », s'offusqua-t-elle. Kinsey répondit : « Je pensais à l'œil – à l'iris de l'œil. Et vous, jeune demoiselle, vous courez droit à une grande déception. »

En dépit de la masse de données rassemblée, aucune information précise concernant la physiologie du sexe ne fut collectée jusqu'à ce que William Masters et Virginia Johnson, suivant l'exemple de Kinsey, mènent des recherches qui les occupèrent durant onze années. Kinsey avait extrapolé la plupart de ses découvertes à partir de questionnaires. Au cours des plus permissives années 1960, Masters et Johnson fixèrent des électrodes sur quelque sept cents hommes et femmes, les filmèrent et les observèrent en pleine activité sexuelle. Tout en confirmant globalement les découvertes de Kinsey en ce qui concernait les dimensions du pénis, Masters et Johnson redonnèrent toutefois confiance en eux aux hommes dotés de petits pénis – comprendre : petits hors érection – en remarquant une chose que leur prédécesseur n'avait pas remarquée : plus l'organe est petit, plus son expansion lors de l'érection est proportionnellement importante.

Masters et Johnson affirmaient que la longueur moyenne du pénis au repos se situait entre 7,6 et 12,7 centimètres. Au cours de leurs recherches, ils comparèrent un groupe d'hommes situés au plus bas niveau de cette fourchette avec un groupe d'autres se situant à son sommet. Et, alors que l'érection des seconds ne leur faisait gagner qu'un peu moins de 7,6 centimètres en moyenne (un de ceux-ci n'en gagnant, lui, que 5 à peine), celle des premiers les faisait presque doubler de taille (l'un d'eux grandissant même de 8,4 centimètres). L'un des participants qui, en état de flaccidité, ne présentait pas la moindre disposition pour jouer dans la cour des « grands » – le genre de pénis que Fanny Hill décrivait comme « montrant à peine le bout de son nez à travers la toison frisée qui revêt ces parties, de la même façon que l'on verrait un roitelet dresser la tête dans l'herbe » – « se développa jusqu'à atteindre des proportions normales ». La conclusion importante qu'en tirèrent Masters et Johnson est que l'érection joue le rôle de « grand compensateur » : si les pénis à l'état flaccide peuvent, en effet, considérablement varier en taille, les choses ont tendance à se réguler lorsqu'ils se mettent en état d'alerte.

Pour dire les choses d'une autre manière, il n'existe aucune corrélation entre les dimensions du pénis en état de flaccidité et/ou en état d'érection. De même qu'il n'existe aucune corrélation entre l'érection et la structure corporelle, chose que Masters et Johnson ont également démontrée en dépit de ce que les mythes populaires continuent de soutenir. S'il est vrai que le gène Hox, qui contrôle la croissance initiale des parties génitales de l'homme (et de la femme) au stade embryonnaire, contrôle également celle des pieds et des mains, la taille et la forme des mains, des pieds et des parties génitales sont, au final, déterminées par un grand nombre de gènes. Un solide gaillard peut très bien avoir un grand nez, de grands pieds et des battoirs en guise de mains, et posséder malgré tout un petit pénis. Il existe une faible corrélation entre la longueur d'un pénis en érection et son diamètre, à cette nuance près que les pénis d'une longueur exceptionnelle sont rarement d'une circonférence exceptionnelle. Au risque d'enfoncer des portes ouvertes, la dimension des parties génitales est, comme toutes les autres caractéristiques génétiques, héréditaire, mais ce n'est pas obligatoirement le cas. Toutes les raisons biologiques convergent donc pour corroborer le fax adressé par le père de l'acteur Ewan McGregor à son fils, après que celui-ci eut exhibé son impressionnant appareillage dans le film *The Pillow Book* : « Je suis ravi de voir que tu as hérité d'un de mes attributs majeurs. »

Assortiments raciaux

Kinsey avait essentiellement collecté ses données auprès d'Américains blancs. Le fait qu'il n'ait pas intégré de Noirs s'explique par le climat sociopolitique de l'époque : l'Amérique de l'après-guerre était encore un pays qui pratiquait la ségrégation raciale. S'il avait intégré des données relatives aux Afro-Américains, Kinsey n'aurait assurément pas pu en tirer une quelconque interprétation quant à une supposée suprématie noire. Un quart de siècle plus tard encore, on sent Beth Day Romulo peu à l'aise sur le sujet lorsqu'elle rédige *Sexual Life Between Blacks and Whites*. Se contentant de mentionner que les études comparatives portant sur la taille des parties génitales ne permettent pas d'aboutir à des conclusions évidentes, elle ne s'aventure guère plus loin que Masters et Johnson, pour qui les plus gros pénis ont tendance à moins grandir pendant l'érection, et conclut : « Au vu de cette apparente uniformisation, la différence entre les parties génitales des mâles noirs et des mâles blancs considérés en tant que groupe est donc purement psychologique. »

La question négroïde/caucasoïde s'est posée à toutes les époques. Au IIe siècle avant J.-C., Galien, médecin de trois empereurs romains et resté jusqu'aux Lumières l'autorité médicale de référence, écrivait que l'homme noir « possède un long pénis et une grande jovialité ». Entre le XVIIe et le XIXe siècle, les Européens débarquant sur le continent africain étaient frappés par les « grands Propagateurs » des indigènes, et le chirurgien militaire et anthropologue français Jacob Sutor était persuadé que cela était dû à la circoncision, le prépuce jouant selon lui le rôle de « bonnet de compression ». En 1708, le chirurgien anglais Charles White écrivait : « Le fait que le PÉNIS [les capitales sont de lui] d'un Africain est plus développé que celui d'un Européen a été, je crois, démontré dans toutes les écoles d'anatomie de Londres. On en conserve des exemples dans la plupart des musées anatomiques, et j'en possède un moi-même. » Alors qu'il était à la recherche de trésors le long du fleuve Gambie, en Afrique de l'Ouest, Richard Jobson écrivit que les hommes de la tribu des Mandingues étaient « dotés de membres si gros qu'ils en devenaient pour eux un fardeau ». D'autres ont parlé de « terrifiantes machines » mesurant 30 centimètres et plus, chose qui, au début du XXe siècle, conduisit l'agent consulaire britannique homosexuel Sir Roger Casement à trembler d'excitation alors qu'il se trouvait au Pérou. Casement (qui se rallia plus tard aux indépendantistes irlandais et fut pendu pour haute trahison en 1916) écrivait dans ses *Black Diaries* (Journal noir), interdits jusqu'en 1956 : « Vu le jeune soldat péruvien noir sortant des baraquements en érection sous ses culottes blanches – elle lui venait à mi-cuisse ! Au moins un pied [30,5 centimètres] de long. »

Des preuves de nature plus clinique furent publiées en 1935 dans la très sérieuse *Ethnologie du sens génital*, mais c'est seulement trente ans après que Kinsey eut esquivé la question du pénis négroïde (tout comme l'avait fait Latou Dickinson en 1949 dans son *Atlas of Human Sex Anatomy*, contenant des centaines de croquis de pénis dont aucun n'était noir) que son institut, qui était et reste l'autorité en la matière, se sentit autorisé à publier des études sur le sujet. Celles-ci – qui incidemment ramenèrent l'érection non noire de 15,7 à 15,4 centimètres – indiquèrent que l'équivalent noir moyen était plus long (16,2 centimètres) et plus épais (12,4 contre 12,1 centimètres) et que presque deux fois plus de Noirs (13,6 %) que de Blancs (7,5 %) franchissaient la barre des 18 centimètres. Mais les conclusions de l'institut, et cela n'eut rien de vraiment surprenant, purent difficilement être considérées comme définitives : alors qu'à l'époque (en 1979) sa banque de données comptait dix milles hommes, seuls quatre cents d'entre eux étaient noirs. L'institut souligna donc que ces comparaisons devaient, à tout le moins, être prises avec précaution. Une décennie plus tard, cependant, et sans faire l'objet d'aucune censure lorsqu'ils publièrent un article intitulé « Race Difference in Sexual Behavior : Testing an Evolutionary Hypothesis » (Différences raciales dans le comportement sexuel : Évaluation d'une hypothèse évolutionniste) dans le *Journal Research in Personality*, les universitaires John Philippe Rushton et Anthony F. Bogaert conclurent, après avoir établi la moyenne de données ethnographiques à partir de toutes les sources disponibles, que les érections des Caucasiens se situaient entre 13,9 et 15,2 centimètres pour la longueur et avançaient le chiffre de 11,9 centimètres de diamètre, contre 15,8 à 20,3 centimètres de long (pour 15,7 de diamètre) pour les Noirs. À partir de données collectées auprès de métis des Antilles françaises, on inféra que la taille de leur pénis croissait à proportion de leur quantité de « sang noir ».

Une décennie durant, les extrapolations de Rushton et Bogaert furent admises par tous, jusqu'à ce qu'Internet rende possibles des recherches plus poussées et que deux sondages importants soient mis en place dans les années 1990 – l'un par le fabricant de préservatifs Durex (dans le but d'adapter au mieux la taille des préservatifs) et l'autre, le *Definitive Penis Survey* (« Sondage pénien de référence », qui, nonobstant son intitulé audacieux, fut reconnu par Durex comme un outil de recherche sérieux), par le chercheur Richard Edwards. Tous deux avaient pour but d'analyser les informations recueillies à l'aune du critère ethnique. Aucun ne s'en avéra capable : sur plus de trois mille participants que chacun des sites attira, le nombre des « non-Blancs » n'était pas assez significatif. Ce qui n'empêcha nullement le *DPS* de proposer des conclusions « provisoires ». Par extraordinaire, l'une d'elles affirmait que l'érection *blanche* moyenne était plus longue (16,5 centimètres) que la noire (15,4 centimètres). Résultat relativisé par le fait que là où les données « 100 % blanches » de Kinsey indiquaient que trois hommes sur cent avaient des érections de moins de 12,7 centimètres, le nombre de mâles noirs susceptibles de figurer dans cette catégorie était *statistiquement* impossible à évaluer, même si sans aucun doute il en existait tout autant : la loi des probabilités est incontournable.

« La bonne douzaine de bamboulas avec lesquels j'ai bricolé étaient tout ce qu'il y a de plus ordinaire dans ce domaine… de fait, deux d'entre eux étaient montés comme des tamias », clame le féroce – et raciste – protagoniste transsexuel de Gore Vidal dans *Myra Breckinridge*, même s'il est absurde de suggérer que sur un échantillonnage aléatoire d'une douzaine de mâles noirs, aucun n'est plus « grand » que la norme et que deux sont plus « petits ». Il est évident que bon nombre de

Noirs se situent statistiquement dans la moyenne, et le chef cuisinier britannique Ainsley Harriott fait partie de ceux qui ne se font pas prier pour le reconnaître. Il y a dix ans environ, après qu'il eut exécuté un strip-tease intégral à la *Full Monty* lors d'un spectacle caritatif, un journaliste lui fit remarquer que, question bijoux de famille, il n'était pas exactement Linford Christie. À quoi Harriott répliqua aimablement : « Je n'ai ni vingt-huit ans ni tablettes de chocolat. J'ai quarante et un ans et deux enfants. Mais j'aime à croire que mon torse n'est pas si moche. »

Ce qu'aucun sondage sérieux ne discute, c'est qu'au repos le pénis noir est de toute évidence plus visible que le blanc – l'institut Kinsey donne des chiffres de 10,9 centimètres de longueur et de 9,3 de circonférence contre 9,6 et 7,8 centimètres. Une théorie sur cette relative inégalité voudrait que tandis que les pénis des habitants des pays plus froids passent plus de temps rétractés, ceux des hommes des pays chauds se contentent de pendre librement – « aussi longs que des fouets », pense Harry Angstrom, le héros de la tétralogie *Rabbit* de John Updike. Joue contre cette théorie, cependant, le fait que les Asiatiques qui vivent sous des climats chauds n'en tirent pas profit.

Les statistiques démontrent que les pénis des hommes originaires d'Extrême-Orient, du Sud-Est asiatique et du sous-continent indien sont plus petits que la moyenne mondiale ; si l'on se fie aux données disponibles et à de nombreuses anecdotes, un long pénis asiatique est chose exceptionnelle. En enquêtant sur la taille des pénis asiatiques, L. T. Goto, un journaliste de Los Angeles, tomba sur un Américano-Japonais capable d'une érection de près de 18 centimètres, chose ethniquement si rare qu'elle lui avait valu « une notoriété instantanée après qu'il eut fréquenté une femme de la communauté américano-asiatique de Los Angeles ». Le *Definitive Penis Survey* (qui semble moribond depuis 2002) eut quelque difficulté à susciter l'intérêt des Asiatiques, ce qui prouve sans doute que ces derniers ont mieux à faire que de mesurer leur appendice. Le seul constat ethnographique que le sondage Durex se soit autorisé à faire, c'est que le pénis en érection des hommes d'Extrême-Orient peut atteindre jusqu'à 2 centimètres de moins, à la fois en longueur et en épaisseur, que celui des Blancs – à la nuance près que des données issues d'autres études tendraient à indiquer que cette évaluation est relativement charitable envers les Indo-Chinois.

Alors que la majorité des gens sont tout disposés à considérer que les variations de la taille du pénis constituent une caractéristique ethnique comme une autre, certains nient l'existence de ces variations, et ce pour des raisons racistes. Le sujet déclencha une violente controverse quand, au milieu des années 1990, fut publié le livre de Philippe Rushton *Race, Evolution and Behavior*. Dans cet ouvrage de biologie spéculative, Rushton, enseignant à l'université de Western Ontario, par ailleurs lauréat du prix Guggenheim et titulaire de deux doctorats de l'université de Londres, fondait son travail comparatif entre Asiatiques, Blancs et Noirs sur plus de soixante variables. Sur la base de certains éléments, dont la taille du cerveau et l'intelligence, il déduisait que les trois groupes se classaient toujours dans ce même ordre. Mais ce qui lui valut l'opprobre, ce fut sa conclusion affirmant qu'il existerait une corrélation entre la taille des organes de reproduction et la capacité de réflexion – en d'autres termes les Asiatiques auraient de petites parties génitales mais une intelligence élevée, ce serait le contraire pour les Noirs et, sur la foi des autres mesures comparatives avancées, les Blancs se situeraient entre les deux. La plupart des scientifiques jugèrent que Rushton avait été victime d'un moment d'égarement et conclurent qu'affirmer en substance « à gros cerveau petit pénis » ne valait guère plus que la proposition inverse, laquelle conviendrait certainement, s'ils avaient le choix, à un bon nombre d'hommes partout à travers le monde – y compris, on peut en être certain, à bien des Asiatiques.

Pendant des décennies après la mort de son fondateur, l'institut créé par Kinsey a poursuivi son travail de collecte et de mise en corrélation des informations péniennes, extrapolées à partir de nombreuses sources comme, il y a quelques années, la réaction sexuelle psycho-physiologique chez les hommes et les travaux d'urologues sur la phalloplastie, opération consistant à augmenter la taille du pénis (*cf.* 3e partie). L'institut ne s'intéresse plus à la question de l'ethnicité. Avec précaution et mesure, son site Internet ne propose pas un chiffre unique concernant l'érection moyenne et se contente de poser qu'elle se situe entre 12,7 et 17,7 centimètres, pour une circonférence de 10,1 à 15,2 centimètres – les découvertes des pères fondateurs n'ont pas été invalidées par le Noir archaïque ou l'Asiatique moderne.

La taille, ça compte ?

L'importance de la taille du pénis s'ancre très tôt dans l'esprit masculin. Lorsqu'un tout petit garçon se trouve confronté à un pénis d'adulte, il n'en croit pas ses yeux : impossible que son propre petit morceau de chair ait un quelconque rapport avec une chose qui ressemble au Gruffalo. Alexander Waugh, dans son livre *Fathers and Sons*, se demande si une telle découverte « ruine ou accroît la confiance sexuelle des jeunes mâles ». Le jour où il surprit son jeune fils, debout sur un seau posé contre la fenêtre, avec vue plongeante sur ses « *zones privées*[1] », Waugh écrivit un poème qu'il fit apprendre par cœur à son fils :

> Car il n'est qu'un idiot et un pleutre
> Celui qui rêve de l'engin de son père
> Ou rampe et épie et tente d'espionner
> Ce qui se cache derrière la braguette
> [de son pauvre papa.

Mais un garçon a besoin de *savoir*. Et qu'il le découvre par accident ou en le cherchant, à partir du moment où il a décidé qu'un jour le sien aussi ressemblera à cela, il meurt d'impatience, comme Portnoy, prêt à échanger son « pénis de la taille d'une phalange » contre quelque chose qui égalerait le « schlong » de son père :

1. Tous les mots suivis d'un astérisque sont en français dans le texte.

> [il] fait penser aux tuyaux d'incendie enroulés dans les couloirs de l'école. Schlong : le mot évoque à la perfection la bestialité, l'aspect bidoche que j'admire tant, le balancement totalement stupide, lourd et animal de cette section de tuyau vivante.
>
> (Philip Roth, *Portnoy et son complexe*)

La crainte de voir leur pénis échouer dans sa métamorphose est une chose terrifiante pour la plupart des mâles, à l'âge d'une puberté hormonalement perturbée, état on ne peut mieux décrit dans cet article-confession d'un collaborateur du magazine *Cosmopolitan* :

> C'était en 1984. J'avais douze ans. Un jour, un joueur de rugby plus âgé que nous et qui restera anonyme fit nonchalamment son entrée dans le vestiaire où quelques copains et moi étions réunis. Il se dévêtit et se dirigeait vers la douche quand il remarqua que plusieurs adolescents le regardaient fixement, écarlates et la mâchoire pendante. Sur quoi, il se tourna vers nous et déclara : « Qu'est-ce qui vous arrive, les gars ? Vous aviez encore jamais vu 45 centimètres de tuerie en liberté ? » Je l'avoue franchement, aucune femme au monde ne pourrait me faire me sentir *aussi* petit.

Le résultat, c'est que bien peu de mâles parvenus à l'âge d'homme sont capables de se libérer complètement des préoccupations relatives à la taille de leur pénis. Un phénomène qui, comme le fait remarquer Alex Comfort dans *Les Joies du sexe*, est « biologiquement inscrit en nous » et qui fut qualifié d'« obsession » par l'anthropologue Jared Diamond à l'époque où il enseignait la physiologie à l'université de Californie.

Il en allait pourtant tout autrement dans la Grèce antique. À Athènes, les pénis les plus appréciés étaient petits et nerveux (dans les pièces d'Aristophane, des diminutifs tels que *posthion*, « petite bite », sont des compliments) tandis que les gros étaient considérés comme vulgaires et affreux, apanage (selon les Athéniens) des seuls barbares ainsi que des satyres qui, dans leur mythologie propre, étaient comiques un peu à la manière des vieux films muets, même si nous en avons tiré le plus subtil mot « satire ». « Les Athéniens n'auraient rien compris aux blagues contemporaines des enterrements de vie de garçon sur les hommes bien montés », écrit Eva Keuls dans *The Reign of the Phallus*. Les Romains, eux, voyaient les choses d'une façon peu différente de celle de l'homme moderne : ils avaient une prédilection pour les gros pénis – il arrivait aux généraux romains de faire monter des hommes en grade sur la seule foi de leurs généreux additifs génitaux. « Quand dans les bains on entend crépiter des applaudissements, écrivit l'inventeur de l'épigramme Martial, il est probable que l'énorme bite de Maron en est la cause. » Et, tout comme l'homme contemporain, les Romains ne se gênaient pas pour ridiculiser quiconque se situait de façon flagrante au-dessous de la moyenne, ce que fit le poète Catulle à propos d'un compatriote romain « dont la petite dague pendouillant plus mollassonne que la tendre betterave ne se dressait jamais jusqu'au milieu de sa tunique » – deux mille ans plus tard, la moquerie trouve un écho sous la plume de l'envoyé spécial d'un magazine dans un camp de nudistes qui, après avoir observé à la dérobée « une pauvre petite chose, une portion de mollusque garni façon nouvelle cuisine », conclut que, s'il en était le propriétaire, « [il] serai[t] terré chez [lui] ».

Secrètement, les hommes ont toujours rivalisé avec les autres à propos de leur pénis. Si leurs lointains ancêtres s'en flagellaient l'abdomen pour décourager leurs rivaux ou le secouaient sous le nez de leurs inférieurs ainsi que certaines espèces de primates continuent de le faire, les hommes modernes perpétuent cette pratique, quoique de façon métaphorique – comme dans l'art japonais, où l'hypertrophie des organes sexuels est de mise et où l'on voit souvent des hommes se battre en duel avec leurs pénis. L'homme politique américain Walter Mondale déclara un jour, après un différend avec George Bush Senior : « George Bush n'a pas la virilité suffisante pour s'excuser. » Ce à quoi son adversaire se sentit autorisé à rétorquer : « Pour ce qui est de la virilité, je compare quand il le veut la mienne à la sienne » – évoquant ainsi Grumio qui, dans *La Mégère apprivoisée*, répond à l'insulte de Curtis au sujet de son appendice en disant : « Je ne mesure que sept centimètres ? Si ta corne en fait trente, la mienne est à tout le moins aussi longue. » Aucun homme ne veut être pris pour ce que Shakespeare appelait « un idiot de sept centimètres » ; cette vérité n'échappa pas à l'agence publicitaire en charge de la communication de Tel Aviv, qui conçut en 1994 une campagne d'affichage visant les conducteurs, notoirement mauvais, de la ville : « Les études le prouvent : les conducteurs agressifs ont un petit pénis », proclamait la publicité. Il n'est donc pas surprenant que dans les vestiaires, tant d'hommes se sentent obligés d'étirer subrepticement le leur quand d'autres congénères sont présents – comme

Alan Bates et Oliver Reed reconnurent l'avoir fait avant le tournage de la scène de *Love* dans laquelle ils luttent tous deux nus – afin de s'assurer qu'il se présente au mieux de sa forme.

Toutes choses qui aboutissent à ce que Rosalind Miles décrit, dans *Les Rites de l'homme : Amour, sexe et mort dans la fabrication du mâle*, comme la « manie de l'observation subreptice des bites. Dans les toilettes publiques, les piscines, les gymnases et même au ballet, [les hommes] jaugeront toujours la concurrence ».

Vrai ou faux ? Dans un de ses nombreux sondages consacrés au sexe, le magazine *Cosmopolitan* a demandé à des hommes s'ils « lorgnaient furtivement le petit matériel des autres hommes » quand ils urinaient dans des toilettes publiques ; il leur était aussi demandé s'ils préféreraient avoir un pénis de 8 centimètres et gagner cent mille livres par an ou posséder un pénis de 25 centimètres et n'en gagner que dix mille. Le sondage était bien entendu frivole et s'attira sans nul doute une bonne part de réponses du même type. Le résultat n'en fut pas moins révélateur : à la première question, 82 % des hommes interrogés répondirent « jamais », 16 % répondirent « parfois » et 2 % répondirent « toujours », alors qu'en pratique l'ordre inverse est plus probable – l'instinct qui les pousse à jeter un regard subreptice est si fort que de nombreux hommes le font sans même s'en rendre compte, et que bon nombre de ceux qui ne le font pas ne brident leur instinct que pour ne pas attenter à la morale – sauf, peut-être, dans les clubs gays.

Alors qu'il attendait au milieu de toilettes à la propreté étincelante, il se sentit seul et se demanda où pouvait être Danny. Tout le monde s'affairait autour de lui ; des hommes attendaient deux par deux devant les cabines, d'autres en short ou en jean élimé secouaient la tête avec conviction au rythme de la musique, enfermés dans leur monde intérieur. Un type en treillis se retourna à demi et lui fit signe de venir partager son urinoir – Alex se pencha sur son épaule et regarda son gros zob recourbé en train de cracher des jets de pisse intermittents. Il se déboutonna et glissa sa main à l'intérieur et… elle était là, si recroquevillée qu'il la dissimula à son ami, qui dit : « C'est pas grave, t'es bourré », puis : « Tu peux y arriver » et enfin, avec gourmandise : « Bon, montre-nous un peu ça » tandis qu'il se branlait tout en matant encore et encore.

(Alan Hollinghurst, *The Spell*)

« Il semble que chaque mâle ou presque envie le pénis d'un autre », affirmait le Dr Bernie Zilbergeld dans *La Sexualité masculine*. Woody Allen en a déjà fait l'expérience dans *Zelig*, quand il déclare : « J'ai travaillé avec Freud à Vienne. Nous nous sommes querellés à propos du concept d'envie de pénis. Il estimait qu'il fallait la limiter aux femmes. »

Pour en revenir à la question de *Cosmo* sur la taille du pénis et l'argent, question ici encore orientée vers la réponse a priori « appropriée », 42 % des hommes répondirent « oui » à l'« inappropriée » seconde option – un symptôme patent de l'irrépressible désir masculin de posséder un pénis plus grand que la moyenne.

Faut-il s'étonner que *Forum*, le journal international des relations sexuelles, estime qu'il a « probablement publié plus d'articles sur le pénis que sur toute autre partie du corps » (il n'est guère surprenant qu'au fil des années, bon nombre d'entre eux aient été intitulés « Le meilleur ami de l'homme ») ? Ou que la question la plus fréquemment posée sur les forums consacrés au sexe continue d'être : « La taille a-t-elle une importance ? » Il existe sur Internet un graphique téléchargeable composé de quatre schémas (de « moyenne basse » à « extraordinairement longue ») que tout homme peut imprimer et utiliser comme modèle auquel se confronter. Apprendre de cette manière qu'il est statistiquement à la portée, si l'on peut dire, de 90 % de ses semblables devrait quelque peu réconforter le commun des mortels. Pourtant, même l'homme le mieux nanti est capable de croire qu'il est sous-équipé – l'enquête Hunt, réalisée en 1970 pour *Playboy*, révéla que pour plus des deux tiers des hommes, un « petit quelque chose en plus dans leur caleçon ferait une différence », et la « majorité » des sept mille hommes interrogés par Shere Hite pour *The Hite Report on Male Sexuality* disaient « souhaiter en avoir une plus grosse ». Selon l'institut Kinsey, un grand nombre d'Américains croient que l'érection moyenne atteint 25 centimètres – et ce en dépit (ou à cause) de la fréquentation régulière des sites de pornographie en ligne, dont les participants rasent leur toison pubienne pour augmenter leur « visibilité » et font bien souvent appel à des stimulants vasculaires pour dilater temporairement leur pénis.

Si bien peu d'hommes diraient non à la possibilité de posséder un pénis plus gros, la plupart ne sont pas mécontents du leur au point de rechercher comment l'allonger. Il a toujours existé de supposés moyens et manières pour y parvenir. Le *Kama Sutra* conseille aux hommes de s'appliquer sur la peau pendant dix nuits les poils d'un insecte arboricole venimeux et de dormir sur le ventre, sur un lit en bois, en « laissant son sexe pendre par un trou » – la dilatation du phallus ainsi obtenue étant censée durer toute la vie. De nos jours, les sirènes d'Internet proposent une infinité de préparations miracles. À quasiment chaque époque et dans pratiquement chaque culture, des hommes ont suspendu des poids ou branché des appareils d'étirement à leur pénis, et les sites de la Toile proposent *tout* ce qui est possible et imaginable, depuis un simple élastique tendu qui relie le prépuce à un autre élastique enserrant la cuisse jusqu'à des dispositifs élaborés constitués d'anneaux et de baguettes, de ressorts et de tendeurs. D'autres sites vantent l'antique technique soudano-arabe du *jelq*, fondée sur une pratique quotidienne consistant à caresser le pénis de la base vers le sommet jusqu'à l'érection, puis à s'arrêter juste avant l'éjaculation et à répéter le processus *ad libitum* (les familles aisées envoyaient leurs fils dans un *mehbil*, un club de sport, où un assistant les secondait pour leur épargner cette corvée). « Gagnez 7,5 centimètres », clament certains spams qui atterrissent chaque jour par millions sur les messageries sans avoir été sollicités et vantent le pouvoir d'onguents et de patchs.

Depuis le début des années 1990, la chirurgie plastique est devenue une nouvelle tentation pour les hommes. On peut ainsi épaissir un pénis en implantant sous la peau des bandes de graisse prélevées sur d'autres parties du corps (généralement les fesses ou les poignées d'amour) ; on peut également l'allonger en tranchant le ligament qui le rattache à la région pubienne. Mais la phalloplastie n'en est encore qu'à ses balbutiements, et les professionnels persistent à s'en défier au vu de résultats pour le moins peu probants. Le corps résorbe en effet naturellement les graisses ; toutefois, ce qui reste inabsorbé peut former grosseurs et bosses, et même quand cela ne se produit pas, bon nombre d'hommes ont la surprise de découvrir que la graisse transplantée rend leurs érections assez semblables au port d'une veste molletonnée. De plus, un pénis allongé grâce à la section chirurgicale de son ligament suspensif peut paraître s'ériger à partir du scrotum et non plus de la paroi abdominale – et peut s'estimer heureux de grimper ne serait-ce qu'à mi-mât ; de fait, certaines érections post-opératoires ont tendance à pointer vers le sol. Dans le pire des cas, le pénis en érection peut se tortiller dans tous les sens à la manière d'un tuyau d'arrosage. Sans compter les risques de difformité et de douleurs – certaines cicatrices post-opératoires allant jusqu'à provoquer une rétraction du pénis, qui devient dans ce cas plus petit qu'auparavant, situation si atroce que lors d'un procès devant un tribunal britannique, un avocat compara l'état émotionnel de son client à un syndrome post-traumatique.

En 1993, on se fit énormément de souci pour les milliers d'hommes qui avaient subi des opérations d'agrandissement du pénis en Thaïlande après que le *Bangkok Post* eut rapporté que pour aboutir au résultat recherché, des chirurgiens dénués de scrupules avaient injecté un cocktail d'huile d'olive, de craie et d'autres ingrédients dans le pénis de leurs patients – certains pénis opérés à l'hôpital de Chiang Mai contenaient même des extraits de l'annuaire de Bangkok. Ils sont légion, les hommes qui, tout particulièrement en Asie du Sud-Est et au Japon, mais également aux États-Unis et en Europe, ont recouru à l'option « bricolage » pour obtenir un accroissement immédiat de la taille de leur pénis en y injectant de la vaseline, de la paraffine ou d'autres corps gras, et ce avec des résultats désastreux : infections graves, gangrène pouvant mener dans certains cas au dysfonctionnement érectile ou à l'amputation. En 2002, un homme de trente et un ans s'est ainsi présenté à l'institut d'urologie et de néphrologie de Londres pour y faire soigner d'énormes altérations et ulcérations provoquées par l'emploi d'un pistolet graisseur pneumatique à haute pression.

Et pourtant, en dépit des risques potentiels, quelques dizaines de milliers d'hommes à travers le monde sont passés sur la table d'opération. Le fait que neuf sur dix présentaient des dimensions moyennes ou supérieures avant d'être opérés et que leur profil psychologique témoignait que bien peu avaient besoin d'assistance clinique dans ce domaine en dit long sur l'importance que certains attachent à la dimension de leur pénis. Comme les femmes qui se font poser des implants mammaires, ils ont besoin d'impressionner – en l'espèce, d'impressionner leurs congénères plutôt que les femmes, quand bien même l'accroissement obtenu ne dépassera vraisemblablement pas 2,5 centimètres au repos et sera indécelable en état d'érection. Et de même que certaines femmes reviennent se faire poser des implants plus gros encore, de même certains hommes repassent sur la table d'opération pour accroître encore leurs dimensions péniennes. Un chirurgien renonça à la phalloplastie le jour où un nouveau patient, qui avait déjà subi ailleurs quatre opérations, vint lui en réclamer une cinquième en présentant à l'examen un pénis aussi épais que long – « une bite qui ressemblait à une boîte de bière », déclara le chirurgien.

Selon Masters et Johnson, les hommes sont si peu sûrs de leur pénis que la plupart sont susceptibles de souffrir, à un moment ou à un autre de leur existence, d'un sentiment d'insuffisance – ce syndrome relatif à la taille est connu sous le nom de « dysmorphophobie », très fréquent chez les culturistes. Comme l'anorexique, celui qui en souffre se regarde dans son miroir et voit de lui-même une image déformée : un corps ou un élément du corps qui n'est pas ce qu'il est réellement. Dans les affres de la dysmorphophobie, certains hommes sont tout à fait capables de croire que l'appareillage de 45 centimètres jadis revendiqué par le modèle pour magazines pornographiques Long Dong Silver, ou Mr Torpedo, ou encore celui de 38 centimètres dont est équipé Dirk Diggler dans le film *Boogie Nights* ne sont pas des postiches en latex.

Dans le Paris des années 1920, Scott Fitzgerald fut frappé d'une crise aiguë de dysmorphophobie et convia son confrère Ernest Hemingway à déjeuner parce qu'il avait quelque chose d'important à lui demander. Très agité, Fitzgerald esquiva un long moment le sujet qui le préoccupait. Ce n'est qu'à la fin du repas qu'il avoua que son trouble était dû à une « question de dimensions ». Zelda, sa femme, lui avait affirmé qu'il ne pourrait jamais rendre aucune femme heureuse en raison de la « façon dont [il était] constitué ». Fitzgerald n'ayant jamais connu qu'elle, il ignorait si elle disait vrai. Ainsi qu'il le raconte dans *Paris est une fête*,

Hemingway conduisit Fitzgerald jusqu'aux toilettes pour hommes, lui assura après examen qu'il était normal et lui conseilla d'aller voir le sexe des statues du Louvre. Fitzgerald se montra dubitatif, car les statues pouvaient très bien ne pas être représentatives. Il ne fut pas davantage convaincu par l'affirmation d'Hemingway selon laquelle « la plupart des gens s'en contenteraient ». Et il ne fut toujours pas persuadé après qu'Hemingway l'eut traîné jusqu'au musée afin qu'il vérifie de ses propres yeux. Quarante années plus tard, devenu un alcoolique impuissant à la verve créatrice en berne, Hemingway se faisait sauter la cervelle. Et une confidence de son ami romancier Sidney Franklin éclaire d'un jour différent la sincérité du réconfort qu'Hemingway prodigua à Fitzgerald : « J'ai toujours pensé que son problème était qu'il en avait un sérieux concernant sa *pincha* [pénis]... de la taille d'une cartouche de 30/30 » – environ la taille d'un auriculaire. Le mode de vie peuplé de corridas et de chasse au gros gibier semblerait bien avoir été un moyen de surcompenser une sous-dotation.

Pour bon nombre des trois hommes sur cent qui sont statistiquement déclarés sous-dotés (à savoir au-dessous de la moyenne érectile comprise entre 13 et 17,5 centimètres) – et plus encore pour l'homme sur cent assez infortuné pour posséder ce que la profession médicale qualifie sans trop de délicatesse de « micropénis », soit ne dépassant pas 6,3 centimètres –, un sentiment d'insuffisance et même de profond désespoir gouverne leur vie. Le prince Camillo Borghese, second mari de la libertine sœur de Napoléon Bonaparte, Pauline, dut fuir la cour de l'Empereur après que Pauline l'eut répudié en le qualifiant de « *si drôlement petit*[*] ». L'acteur Montgomery Clift n'était pas seulement torturé par son homosexualité, mais par un pénis qui lui avait valu le surnom peu valorisant de Princess Tinymeat (princesse Miniviande). Seul quelqu'un d'aussi exubérant que Salvador Dalí pouvait être capable de rendre public son déficit pénien. Dans ses *Aveux inavouables*, il écrivait :

> Nu et me comparant à mes condisciples, je découvris que mon pénis était petit, pitoyable et flasque. Je me souviens d'un roman pornographique dans lequel le séducteur mitraille les parties génitales des femmes avec une joie féroce et dit qu'il adore entendre les femmes craquer comme des pastèques. Il m'a fallu admettre que je ne serais jamais capable de faire craquer une femme comme une pastèque.

Dalí feignit de prétendre qu'il n'en avait cure, bien que la névrose sexuelle affleure dans nombre de ses toiles. Son « angoisse à propos de la petite taille de son pénis n'était nullement exagérée », commente Ian Gibson dans *The Shameful Life of Salvador Dalí* (La Vie scandaleuse de Salvador Dalí) – et cette angoisse ne le quitta jamais. L'animateur, et grand provocateur, Howard Stern est-il à ranger dans la même catégorie que Dalí ? Il ne peut, en tout cas, s'empêcher de parler de son petit pénis et affirme, dans son autobiographie *Private Parts*, privilégier les toilettes fermées aux urinoirs : « À Dieu ne plaise que quiconque aperçoive mon chétif engin. C'est à peine si j'ouvre ma braguette. » Peut-être n'est-il qu'un extraverti bien monté, libéré de toute névrose daliesque. Ou qu'il plaisante (Alison, sa première femme, affirme que son pénis est « tout à fait bien »). Peut-être aussi le chanteur Enrique Iglesias plaisantait-il lorsqu'il déclara qu'il allait lancer une ligne de préservatifs *extra-small* pour les hommes qui, comme lui, n'étaient pas généreusement dotés et avaient des problèmes pour trouver la taille qui leur convenait. Après que les préservatifs Lifestyle lui eurent proposé un million de dollars pour présenter leurs produits, le petit ami de la belle tenniswoman Anna Kournikova affirma qu'il n'avait fait que plaisanter.

Son sens de l'humour comme celui de Stern, bien peu le partagent, et certainement pas ce jeune homme de vingt-cinq ans signant « N. W., Worcester » qui écrivit au courrier du cœur de *Forum* pour raconter les railleries humiliantes qu'il endurait quotidiennement dans les douches communes de son école, avant de poursuivre :

> Pendant de nombreuses années, j'ai détesté me montrer nu, mais j'ai réussi dans une certaine mesure à surmonter cela, même si je me sens toujours très malheureux quand d'autres hommes voient mon pénis et que j'ai toujours dû faire l'amour avec mes rares conquêtes dans l'obscurité. J'ai fini par rencontrer une dame compréhensive qui m'a grandement aidé à accepter mon problème, [mais] il y a deux choses qui continuent de me déprimer. Je vois souvent, au gymnase ou à la piscine que je fréquente, des garçons prépubères nantis de pénis plus gros que le mien et je dois admettre que je me sens immensément jaloux et défavorisé.

L'envie à l'endroit du pénis, ou plus exactement la peur qu'il suscite – peur de la taille et de la puissance imaginaires des organes sexuels des autres hommes – atteint son comble lorsqu'une femme participe à l'équation. Obsédé par la fille aux mœurs légères de son propriétaire, l'essayiste et critique du XVIIIe siècle William Hazlitt la croyait « folle des grosses », se désolait en imaginant ce que ses rivaux avaient à lui proposer en échange de ses faveurs et faillit devenir fou le jour où il surprit une conversation évoquant les « dix-huit centimètres » d'un de ses colocataires. *Liber Amoris*, le récit à peine travesti de son histoire, fut qualifié par Thomas de Quincey d'exorcisme et d'« explosion de frénésie... destinée à vider son esprit surchargé ». Humbert Humbert, qui veille jalousement sur la nymphette Lolita, devient maladivement inquiet lorsque, dans une piscine, il surprend un baigneur dont il ne sait pas encore qu'il s'agit de Quilty, son rival et sa Némésis, en train de suivre l'adolescente des yeux :

> Son nombril palpitant, ses cuisses ruisselantes de gouttelettes scintillantes, son maillot de bain noir et moulant gonflé de vigueur à en exploser à l'endroit où son énorme et gras paquet de viande était remonté vers l'arrière tel un bouclier rembourré protégeant son humaine bestialité.
>
> (Vladimir Nabokov, *Lolita*)

L'anxiété se mue en désespoir lorsqu'un homme apprend qu'un autre a pénétré la femme qu'il aime. Geoffrey Firmin fait partie de ceux-là ; alors qu'il attend que Jacques Laruelle ait fini de se doucher, il se souvient brutalement :

Ce hideux paquet de nerfs bleus et d'ouïes à l'élasticité cucumiforme ornant le bas d'un estomac tout béat d'inconscience fumante qui avait pénétré, cherché le corps de son épouse pour y prendre son plaisir le fit se dresser tout tremblant sur ses pieds.

(Malcolm Lowry, *Au-dessous du volcan*)

Au moins pareil tourment est-il généralement connu seulement d'un petit cercle. Ce qui n'était pas le cas dans l'Angleterre élisabéthaine, où un homme affligé d'une épouse infidèle était bien souvent férocement brocardé, en particulier s'il s'accommodait de la situation sans réagir : on accrochait des cornes ou des bois de cerf à la maison du *wittol* (cocu) et ses voisins lui « faisaient les cornes » avec leurs doigts en le croisant – sans parler des plus dociles qu'on obligeait à parader dans leur quartier avec des cornes sur la tête.

MENSONGES, PIEUX MENSONGES ET AUTO-ÉVALUATION

Un homme sait a priori que la taille de son pénis ne devrait pas influer outre mesure sur sa relation à lui-même ou à une femme. Son bon sens lui souffle que ce ne sera assurément pas le facteur qui déterminera la façon dont une femme réagira à son endroit. Pourtant, il ne peut s'empêcher de penser que c'est le cas.

Quand trente ans après leur publication, à l'aune des découvertes présentées précédemment, l'institut Kinsey réexamina les données collectées par son fondateur, il s'avéra qu'un homme sur cent seulement dépassait la moyenne érectile comprise entre 12,5 et 17,5 centimètres pour atteindre 20 centimètres, et qu'un sur mille atteignait 22,5 centimètres. Tout en assurant que leurs résultats concordaient dans l'ensemble avec ceux de Kinsey, Durex et *Definitive Penis Survey* laissèrent toutefois entendre qu'il existait plus de très gros pénis – entre quatre et sept hommes sur cent atteignant 20 centimètres et entre trente et quarante sur mille atteignant 22,5 centimètres, entre dix et trente sur mille se situant même au-delà. Et là où les données de l'institut indiquaient que les érections dépassant 22,5 centimètres sont si rares qu'elles étaient *statistiquement* impossibles à évaluer, ils sous-entendirent qu'un homme sur cent dépassait 25 centimètres. Alors que l'institut posait que dix-huit hommes sur cent avaient des érections dépassant la moyenne, Durex et le *DPS* prétendaient qu'ils étaient bien plus nombreux. Se pouvait-il que Kinsey se soit trompé ?

Le problème de ces chercheurs c'est que, dans un cas comme dans l'autre, ils ont dû faire confiance à des volontaires qui fournissaient eux-mêmes leurs mensurations. Le gros des données de Kinsey provenait d'auto-évaluations transmises à l'institut par retour de courrier, et l'ensemble des données collectées pour le compte de Durex et du *DPS* le furent de la même façon – ce dernier concluant à une érection moyenne de 15,7 centimètres, tandis que Durex la situait plutôt à 16. Cela indiquerait-il que, tout comme c'est le cas pour les êtres humains, les pénis deviennent de plus en plus grands ? Si les oreilles des hommes sont elles aussi censées avoir grandi en proportion, la réponse est non ; le caractère anonyme de la déclaration explique presque à coup sûr cette apparente augmentation. Non pas que Durex et le *DPS* ne se soient pas prémunis contre les blagueurs et les mystificateurs. Durex a ainsi éliminé les réponses extrêmes : les longueurs inférieures à 7,5 centimètres, « la taille d'un gros piment », et celles supérieures à 25 centimètres, « la taille d'un gros concombre ». L'enquête *Definitive Penis Survey* a, quant à elle, procédé de même ; de plus, il avait été demandé aux participants, via un site spécialement dédié, d'accompagner leur réponse d'une photo sur laquelle un mètre à ruban témoignait de la véracité de leurs dires.

En faisant la moyenne générale obtenue à partir des données de Kinsey, datant d'il y a plus d'un demi-siècle, de celles de son institut collectées depuis vingt-cinq ans et de celles établies grâce aux enquêtes Durex et *DPS* à la fin du millénaire dernier, on obtient 15,6 centimètres de long et un diamètre d'environ 12,5 centimètres. Une enquête réalisée en 2001 pour le compte de Lifestyle Condoms (pour les mêmes raisons que Durex) vint toutefois remettre en cause ces conclusions censément définitives. À la différence des précédentes, celle-ci ne reposait *pas* sur des auto-évaluations – et chamboula complètement le paysage du pénis. Après avoir obtenu de trois cents volontaires qu'ils soumettent leur virilité au garde-à-vous à deux infirmières armées de mètres à ruban sous la supervision d'un médecin, Lifestyle rapporta que l'érection moyenne était de 14,5 centimètres – environ 1,25 centimètre de moins que la moyenne susmentionnée. Il n'est pas inutile de noter que cinq années auparavant, deux enquêtes à plus petite échelle (l'une menée en Allemagne, l'autre au Brésil), fondées sur des érections médicalement provoquées chez des volontaires, étaient parvenues toutes deux à une moyenne de 14,2 centimètres. Plus surprenant, la même année le *Journal of Urology* avait publié les conclusions d'une étude conduite auprès de quatre-vingts hommes issus d'ethnies diverses et eux aussi placés en état d'érection assistée (afin, dans ce cas précis, de conseiller ceux qui étaient tentés par l'allongement de leur pénis) : la moyenne obtenue était de 12,7 centimètres, soit presque 1,8 centimètre de moins que pour l'enquête de Lifestyle.

D'autres enquêtes de ce type ont été menées depuis ; entre 2007 et 2010, quinze études au moins ont été publiées, toutes réalisées sur le « terrain ». L'attention se focalise aujourd'hui sur la probabilité que les hommes qui savent ou croient se situer au-dessous de la moyenne sont peu susceptibles de se porter volontaires pour des travaux concernant la taille de leur pénis, ce qui signifie que les moyennes véritables pourraient être plus basses que celles constatées (thèse favorable aux hommes dotés d'un petit pénis). Ce qui est en tout cas absolument irréfutable, c'est que dès que les hommes et leur pénis sont en jeu, le mensonge est de mise.

Il semble qu'aucune enquête visant à établir si les gays ont plus tendance à l'exagération que les hétéros n'ait été menée à ce jour ; il n'en demeure pas moins que la question de la taille est à coup sûr plus importante encore au sein de la communauté gay – tenus de prendre en considération le pénis de leur partenaire en plus du leur, les homosexuels se préoccupent encore plus du problème que les autres hommes, ce qui n'est pas peu dire. La question se posa avec acuité au cours des années 1990, après que trois chercheurs eurent analysé des données de l'institut Kinsey portant sur vingt-cinq années pour conclure, dans un article des *Archives of Sexual Behavior*, que le pénis moyen de l'homme gay était plus long que celui de l'hétérosexuel – 16 centimètres, soit l'équivalent supposé de l'homme noir moyen. S'ensuivit une querelle au sein de la communauté homosexuelle, les gays noirs se voyant accusés d'être plus soucieux des dimensions que leurs frères blancs.

Une dernière remarque au sujet de ces problèmes de mesures. Alors que la plupart des chercheurs déroulent leur ruban sur la face supérieure du membre en érection, d'autres préfèrent curieusement la face inférieure et quelques rares autres ce que l'on nomme la « longueur étirée du pénis » – le pénis flaccide étiré égalant plus ou moins celui en érection. La deuxième de ces méthodes peut bénéficier aux hommes corpulents dotés d'une solide bedaine qui réduit leur capacité à « émerger » (selon l'Indiana University Medical Center d'Indianapolis, chaque gain de poids de quinze kilos fait empiéter le pannicule adipeux prébubien – le coussin de graisse – de 2,5 centimètres sur le corps de la verge) ; la dernière peut faire la joie de tout homme prêt à s'arracher des larmes pour gratter quelques millimètres sur la réglette.

Rumeur et réalité

Dans la pièce d'Alan Bennett *Kafka's Dick* (La Bite de Kafka), Franz, transporté à notre époque en compagnie de son père Hermann, est stupéfait de découvrir combien il est devenu célèbre depuis sa mort. Hermann, jaloux, décide que la meilleure manière pour lui d'atteindre à la notoriété est d'amener son fils à déclarer au monde combien il l'a soutenu toute sa vie durant – une réécriture manifeste de la vérité historique. Si Franz refuse, Hermann le menace :

> [Je vais] dévoiler au monde un fait dont les biographes n'ont jamais eu connaissance. Je révélerai la seule statistique que tout homme connaît sur lui-même mais qu'aucun livre ne révèle jamais. Nous ne sommes jamais qu'un père et un fils normaux, mais qu'est-ce qui est normal ? Mon normal (*il montre environ 20 centimètres*) ? Ou ton normal (*il montre environ 8 centimètres*) ?

En ce qui concerne son argument massue, soit Hermann ment, soit il est mal informé : comme presque tous les hommes, les écrivains se font un plaisir de laisser entendre que le pénis des grands hommes atteint des dimensions susceptibles de leur valoir, au choix, admiration ou ridicule. De telles assertions sont le plus souvent purement anecdotiques. Toutefois certaines, quand elles émanent d'un grand nombre de sources, sont davantage dignes de foi. Au XVIIe siècle, le roi Charles II était surnommé Old Rowley, en référence au prodigieux étalon qui logeait dans ses écuries de Newmarket – et ce non seulement en raison de sa nombreuse descendance (quatorze bâtards répertoriés), mais aussi parce qu'il était formidablement… monté. En 1663, le chroniqueur Samuel Pepys rapportait ce que Sir Thomas Carew lui avait déclaré :

> Le Roi ne s'intéresse qu'aux plaisirs et déteste la simple vue ou pensée des affaires… ma Lady Castlemaine le gouverne ; il dit d'elle qu'elle maîtrise tous les artifices de d'Arétin qui se doivent d'être employés afin de procurer ce plaisir pour lequel il n'est que trop fait, lui qui possède une énorme…

Le poète scatologique John Wilmot, deuxième comte de Rochester, fut jadis banni de la cour parce qu'un jour qu'il était ivre, il avait confondu deux poèmes qui se trouvaient dans sa poche et remis le mauvais au roi. « A Satire on Charles II », qu'il n'avait nullement l'intention de déposer dans la main royale, contient ces vers :

La paix est son but, son amabilité est grande
Et l'amour il aime car il aime grandement baiser.
Non pas que ses désirs élevés soient au-dessus
[de ses forces :
Son sceptre et sa bite sont d'égale longueur.

Dans les années 1940 et 1950, les serveurs de restaurants parisiens appelaient leurs moulins à poivre géants des « rubirosas », en hommage au diplomate et play-boy international Porfirio Rubirosa dont les conquêtes se nommaient, entre autres, Zsa Zsa Gabor, Ava Gardner, Jayne Mansfield, Marilyn Monroe ou Kim Novak – sans oublier Eva Perón. Si l'on en croit l'une de ses épouses, la riche héritière Doris Duke, son pénis mesurait près de 28 centimètres et avait une circonférence de 15 centimètres, « très similaire à l'extrémité d'une batte de baseball Louisville Slugger » (*Too Rich : The family secrets of Doris Duke*). Il existe un nombre trop important de témoignages pour que l'on puisse douter des bonnes raisons pour lesquelles Charlie Chaplin avait surnommé son pénis la « huitième merveille du monde » et pour que l'on n'accorde pas quelque crédit aux affirmations selon lesquelles les hommes les mieux montés d'Hollywood furent, à une époque, Frank Sinatra (son valet de chambre affirma que son employeur portait des sous-vêtements spécialement taillés sur mesure pour dissimuler la chose), Forrest Tucker et Milton Berle. « Quel dommage, ce ne sont jamais ceux qui sont beaux, se lamenta Betty Grable. Plus ils l'ont grosse, et plus ils sont moches » – une insulte envers Rudolf Valentino et Errol Flynn, considérés par beaucoup comme les plus beaux hommes à être jamais apparus à l'écran.

De nos jours, en une époque devenue à tel point avide des moindres détails de la vie des célébrités qu'aucun pénis « people » ne peut vaquer à ses occupations dans un honnête anonymat, on a le sentiment qu'il y a plus de « gros » pénis que la répartition statistique en prévoit la possibilité – une situation relevant plus du moulin à paroles que du fameux moulin à poivre. Mais il n'y a assurément pas débat en ce qui concerne la taille du pénis de Valentino. En souvenir de sa liaison avec l'acteur Ramon Novarro, il en laissa la preuve irréfutable sous la forme d'un moulage en argent massif. Le pénis de Valentino oscillait d'un bord à l'autre, moins souvent du côté féminin, et était aussi long que son nom – nous parlons bien entendu de son nom complet : Rodolfo Alfonso Raffaello Pierre Filibert Guglielmi di Valentina d'Antonguolla. Autre célébrité ayant laissé à la postérité la preuve de sa virilité : Jimi Hendrix, jadis « relevé » par les Plaster Casters, un groupement artistique de fans de rock-stars des années 1960 qui trouva quelque chose de plus intime à collectionner que les photos dédicacées ou les autographes griffonnés sur les seins. Sur la base de moulages originaux (bien que celui d'Hendrix ait disparu), des répliques des pénis de stars du porno comme Ron Jeremy ou le défunt John Holmes, réalisées à partir de leurs parties pas franchement intimes, sont en vente dans tous les États-Unis et dans le monde entier via Internet – à usage de godemichés. Comme Hendrix, Holmes affichait 30 centimètres, tandis qu'avec ses 24,4 centimètres Jeremy « rend » 6 millimètres à Valentino. « Certains journaux disent que je fais 25, et moi, je dis que ça me va, je prends les 6 millimètres supplémentaires », déclara Jeremy au magazine *Onion*.

Holmes, soit dit en passant, appelait son ami Little Dick (Petite Bite).

Les rumeurs sur la taille des pénis ont beau avoir autant de chances d'être fausses que vraies, cela n'a jamais empêché personne de les considérer comme des faits avérés. En dépit de plus d'un demi-siècle de recherches indiquant de façon indéniable qu'il n'y a pas à cela la moindre justification, l'humanité continue de sournoisement suspecter les hommes de petite taille d'être fréquemment suréquipés, à titre, en quelque sorte, de compensation. C'est ainsi, par exemple, que l'on continue de lire que Toulouse-Lautrec, quasi nain, était connu dans les bordels parisiens sous le nom de Pot à café en raison de l'énormité de son membre – alors même que la biographie de Julia Frey contient une photographie du peintre, nu, ainsi légendée : « On remarquera les jambes très courtes ; les parties génitales et le crâne paraissent normaux. » Autre suspicion courante : la loi de la compensation s'inverserait pour d'autres hommes de petite taille dont l'héroïsme fait la grandeur – la « conception bâtarde… grand homme, petit membre », écrit son biographe Frank McLynn pour défendre Napoléon Bonaparte.

Le premier à laisser entendre que le pénis de Napoléon était « anormalement petit » fut le chirurgien auxiliaire Walter Henry, l'un des cinq médecins qui procédèrent à son autopsie. On peut aisément concevoir que post-mortem il l'était effectivement : les chercheurs s'accordent aujourd'hui à penser que Napoléon est mort d'un empoisonnement à l'arsenic après avoir ingurgité des années durant des remèdes toxiques qui auraient atrophié ses parties génitales, rendu son corps imberbe et l'auraient fait grossir au point de lui faire pousser des seins. Comme le souligne McLynn, rien dans la vie de l'Empereur ne laissait suspecter une quelconque anomalie :

> En homme qui aimait à jouer les simples soldats, Napoléon se montra plusieurs fois nu en présence de ses troupes… « Si O'Meara [son médecin] rédige un journal, ce sera très intéressant. S'il révèle la longueur de ma bite, ce le sera encore plus. » On a quelque mal à entendre dans ces propos les paroles d'un homme inquiet à l'idée que la postérité puisse se gausser de lui. De fait, O'Meara publia un journal dans lequel il ne faisait aucunement mention de la « stupéfiante révélation » de Henry. De plus, à condition d'accepter qu'un homme sous-équipé fût un coureur de jupons frénétique – ce qu'était Napoléon –, ses compagnes de lit n'auraient à coup sûr pas manqué de parler de cet intéressant aspect de son anatomie.

Il peut arriver que des gens se montrent disposés à nier l'évidence dans le seul but de ridiculiser le pénis d'un homme. C'est ce qui arrivé à Jude Law en 2005 quand il se fit surprendre en train de tromper sa femme Sienna Miller avec leur nounou, devenant dès lors aux yeux de tous le « traître » qui méritait une bonne punition. Peu de temps après, des paparazzi le photographièrent en train de changer de maillot de bain et il ne dut pas être vraiment surpris de voir son appendice, pourtant parfaitement respectable, qualifié de « maigrichonne masculinité » et de « petit paquet » – l'allitération servant la dérision.

Quid alors de Franz Kafka ? Si Law a été injustement traité et Napoléon diffamé, que dire du pauvre et hypersensible Kafka, un homme aux poumons malades, hypocondriaque, faisant une fixette sur la mastication, incapable d'entretenir des relations durables avec les femmes et engagé dans un rapport d'amour-haine intense avec sa brute de père – mais pourvu, pour ce que l'on en sait, d'un pénis ne sortant en aucun cas de l'ordinaire. Plus de quinze mille livres ont été écrits sur Kafka, et aucun à l'exception d'un seul ne dit rien sur le sujet qui fournit à la pièce d'Alan Bennett l'argument facétieux sur lequel il est construit. Cette exception est l'œuvre de deux psychologues de l'université de Caroline du Nord qui, après avoir analysé les œuvres complètes de Kafka, en ont conclu que l'origine de ses problèmes était un petit pénis !

Étant donné qu'ils sont tout à fait conscients de s'exposer au ridicule, aussi normale que soit la taille de leur pénis, on ne peut qu'admirer les acteurs assez courageux pour se montrer nus sur scène. Quand le comique Eddie Izzard joua dévêtu le rôle de Lenny Bruce dans le West End, un quotidien cita un spectateur qui se serait exclamé : « Il n'est de toute évidence pas payé au centimètre. » Frank Skinner, un autre comique, fut pareillement brocardé alors qu'il partageait la vedette avec une tortue dans la pièce *Cooking with Elvis*, ce qui lui aurait valu de répliquer : « Être sur scène avec un truc petit et fripé ne m'a pas dérangé. Et puis jouer en compagnie d'une tortue m'a agréablement changé. » Ian Holm dut subir les ricanements de la critique quand, pour la première fois de sa vie d'acteur de théâtre, il lui fallut ôter ses vêtements pour jouer le roi Lear. Mais il prit sa revanche dans son autobiographie *Acting My Life* :

Il y eut peu de commentaires au sujet de ma nudité en scène, excepté ceux de... Mark Lawson qui mentionna ma virilité à la taille ratatinée au moment de patauger nu dans un bassin d'eau froide. Même en faisant fi des déficiences physiques de Lawson (les lèvres molles couleur de foie, le visage rondouillard en pâte à modeler, le dôme prématurément dégarni de vieil homme), je suis bien certain que son propre outillage aurait lui aussi rétréci après avoir été plongé dans un bain froid devant plusieurs milliers de personnes.

Si la plupart des moqueries envers le pénis des hommes sont le fait d'autres hommes, les femmes sont elles aussi adeptes de la raillerie. Paula Jones, devant qui Bill Clinton baissa son pantalon, ne déclara rien de plus que : « Il n'était pas très bien doté », mais lorsque sa vindicative avocate fut interviewée par la suite, le pénis présidentiel avait subi un sérieux rétrécissement. Faisant référence à plusieurs autres supposées liaisons, elle déclara : « S'il a vraiment eu des relations sexuelles avec ces femmes, il se peut qu'elles ne s'en soient pas rendu compte » – faisant ainsi écho au commentaire de Fanny Hill à propos d'un client « qui entre et sort sans faire grand effet ». L'insulte suprême et encore plus cinglante est celle formulée par une femme ayant eu à connaître une expérience personnelle avec le pénis sur la sellette. L'ex-maîtresse d'un ancien ministre conservateur britannique, le rondouillard Lord Soames, poignarda celui-ci en plein bas-ventre en affirmant que le sexe avec lui ressemblait à « une armoire vous tombant dessus avec la clé qui dépasse ». Un désaveu plus terrible encore fut celui apporté par l'ancienne maîtresse de John Prescott, à l'époque vice-Premier ministre, dont la virilité, déclara-t-elle, était réduite à la portion congrue – de la taille d'une chipolata. Le quotidien *The Sun* se fit un plaisir de publier une photo d'une saucisse-cocktail de cinq centimètres de long avec cette légende : « Taille réelle ».

Si la colère peut expliquer certaines allégations, gardons à l'esprit qu'en règle générale les femmes ne voient qu'un seul sexe en érection à la fois, ce qui limite les comparaisons (« Combien énorme est énorme quand on n'a aucun cadre de référence ? » demande Isadora Wing, l'héroïne du *Complexe d'Icare* d'Erica Jong), qui plus est dans des situations « chaudes » qui ne permettent généralement pas d'entrer dans le détail. Une étude sur les relations sexuelles montre encore que si les femmes amoureuses ont tendance à considérer le pénis d'un amant plus gros qu'il l'est réellement au moment de la relation, elles sont également enclines à le trouver plus petit lorsque ladite relation s'étiole ou se termine dans la rancœur. Désenchantée par son triste et conformiste Graham de mari dans *Avant moi* de Julian Barnes, Ann observe ses parties génitales pendant qu'il dort nu sur leur lit et se demande comment cette « chose si insignifiante » peut être source de tant de problèmes : « Au bout d'un moment, cela paraissait ne même plus avoir un quelconque rapport avec le sexe… ce n'était qu'une crevette pelée et une noix. »

PRIMAUTÉ HUMAINE

Objectivement, même les gros pénis humains sont petits dès lors qu'on ne les compare pas avec d'autres pénis humains, mais virtuellement tous les pénis humains sont gros dès lors qu'on les compare à ceux des cent quatre-vingt-douze autres variétés de primates. Au repos, le pénis du gorille ou de l'orang-outang, qui tous deux possèdent pourtant des corps bien plus massifs, est pratiquement invisible ; en érection, il atteint 3,7 centimètres ou moins ; et si le chimpanzé, le plus proche parent de l'homme (ils ont 98 % d'ADN commun), a une érection deux fois plus longue que celle des deux autres singes, elle n'atteint pourtant que la moitié de l'érection humaine moyenne. La raison pour laquelle le pénis de l'homme est comparativement d'une longueur aussi disproportionnée est à chercher du côté d'un ensemble de disciplines parmi lesquelles l'archéologie, l'anthropologie et la zoologie aussi bien que des branches évolutionnistes, psychologiques et sociologiques de la biologie. À les considérer collectivement, elles demeurent toutefois incapables de fournir ce que l'on nomme l'« explication causale définitive ».

L'opinion « ologique » qui fait consensus est que lorsque les ancêtres hominoïdes de l'homme sont descendus des arbres, il y a de cela quatre millions d'années, leur pénis était de la même taille que celui des singes – « infiniment petit », selon l'archéologue Timothy Taylor, auteur de *La Préhistoire du sexe*. Mais quand le passage à la station debout détourna l'attention sexuelle de l'arrière vers l'avant des deux sexes, attention renforcée par la perte de la majeure partie du système pileux corporel ailleurs que dans la région génitale, le pénis entama un processus de « sélection accélérée ».

Les féministes tendent à penser que si les choses se sont produites de cette manière, c'est parce que les femelles l'ont voulu ainsi : lorsque la *femina* devint *erecta*, l'angle du vagin s'inclina vers l'avant et vers le bas et, en s'enfonçant plus profondément dans le corps, contraignit le pénis, ainsi que l'explique Rosalind Miles dans *The Women's History of the World*, à se conformer au même principe que celui du cou de la girafe : « Il s'allongea afin d'obtenir quelque chose qu'il n'aurait pas pu atteindre autrement. » On peut aussi envisager que le pénis a évolué parce que c'était ce que désirait son propriétaire – trouver un moyen plus efficace d'attirer les compagnes potentielles et un moyen plus clair d'avertir ses rivaux. Un mâle doté d'un grand pénis augmentait également ses chances d'inséminer une femelle ayant des rapports sexuels avec d'autres mâles.

Il y a des objections à de telles théories – la moindre n'étant pas que les autres primates mâles ont continué à se reproduire avec considérablement moins à leur disposition. Quant à la théorie selon laquelle le pénis se serait développé pour aider l'humanité à mettre en pratique les diverses positions sexuelles que lui dictait son imagination, elle est démentie par les orangs-outangs et les chimpanzés, et particulièrement par le bonobo (découvert au Congo et qui possède une démarche plus verticale et un squelette plus « humain »), qui font preuve de tout autant d'inventivité lors de leurs accouplements – ils sont même capables d'y parvenir en se balançant dans les arbres, quand l'homme ne peut rêver au mieux que de se suspendre à un lustre.

Si la science est incapable de dire de façon certaine pourquoi le pénis de l'homme est aussi gros, elle possède en revanche une explication quant à la raison pour laquelle ses testicules sont ce qu'ils sont.

Au début des années 1980, le psychologue David Buss suscita un certain émoi parmi les « ologistes » en émettant, dans *Les Stratégies de l'amour*, l'hypothèse que plus une espèce primate vivait dans la promiscuité sexuelle, plus ses testicules étaient développés – il présumait que pour la fécondation d'une femelle copulant à répétition avec d'autres mâles, la taille du pénis était moins importante que la production abondante et fréquente de sperme. Des chercheurs britanniques procédèrent par la suite à la pesée des testicules de trente-trois espèces différentes de primates, y compris l'homme, afin de vérifier la réalité du lien testicules-promiscuité. Il est intéressant de constater que l'homme, le primate doté du plus gros pénis, ne ressortit pas de ces évaluations avec la couronne de roi des échangistes : ses testicules, qui pèsent grosso modo 40 grammes, ne supportent pas la comparaison avec ceux du chimpanzé qui atteignent un stupéfiant 110 grammes, soit un ratio testicules-corps trois fois plus élevé que chez l'homme. Et quid du tout-puissant gorille, le primate doté du plus petit pénis ? Il traîne une fois encore en queue de peloton avec des testicules pesant environ la moitié de ceux de l'homme. Comme l'avait souligné Buss, avec son harem monogame de trois à six femelles, le gorille n'a pas à livrer une « compétition séminale » à d'autres mâles. Le chimpanzé ordinaire aux mœurs légères a, lui, des rapports sexuels quasi quotidiens avec différentes femelles tandis que le très libertin bonobo en a plusieurs fois par jour.

Quelque part entre le chimpanzé et le gorille, on trouve l'homme, ni franchement adepte du multi-partenariat sexuel ni intégralement monogame, dont le pénis a évolué de façon beaucoup plus considérable que celui de ses lointains ancêtres, tandis que ses testicules, ou en tout cas leur puissance de feu, se sont probablement réduits – sa production de sperme par gramme de tissu est considérablement inférieure à celle des chimpanzés comme des gorilles, d'où l'idée qu'il aurait possédé, à l'époque où le processus d'insémination relevait d'une véritable compétition, un « moteur testiculaire » plus développé, ainsi que l'ont exprimé Lynn Margulis et Dorion Sagan (*Mystery Dance : On the Evolution of Human Sexuality*).

Comme c'est le cas pour toutes les parties du corps, des variations existent d'une ethnie à l'autre, sujet sur lequel se focalisa l'attention après que la théorie de Buss sur la compétition séminale eut été exposée et que Jared Diamond l'eut qualifiée de « triomphe de l'anthropologie physique moderne ». Mais mesurer les testicules est loin d'être aussi facile que mesurer les pénis. Une appréciation effectuée au seul toucher est largement insuffisante : dans les replis du scrotum, les testicules sont aussi fuyants qu'une savonnette mouillée. Même les mesures effectuées à l'aide d'un orchidomètre (une sorte de compas à calibrer prévu à cet effet) sont compliquées, raison pour laquelle les chercheurs recueillirent des données post-mortem, à l'issue d'autopsies.

Leurs découvertes confirmèrent ce qui avait auparavant été pressenti sans pouvoir être démontré : s'il n'existe pas de différence vérifiable entre les testicules des Noirs et des Blancs, ceux des Asiatiques sont plus petits.

L'importance de la différence sidéra malgré tout la communauté scientifique : elle était de plus du double. Ainsi que le rapporta Diamond dans un article publié par le magazine *Nature*, là où les testicules des Noirs et des Blancs pesaient en moyenne 21 grammes, ceux des Asiatiques n'en pesaient que 9 – le poids des testicules de garçons noirs ou blancs âgés de douze ans.

Il est notoire que les hommes assimilent les testicules au courage viril (témoin l'expression « avoir des couilles » ou, comme préférait le dire cet amoureux de l'Espagne qu'était Hemingway, des *cojones*), mais si l'on considère lesdits testicules comme l'usine productrice qui permet d'atteindre le but darwinien de la procréation, les hommes restent étonnamment indifférents à leur grosseur. Peut-être est-ce dû au fait que les testicules ne sont pas vraiment visibles et qu'ils doivent jouer à cache-cache avec le pénis derrière lequel ils se trouvent et auquel les hommes réservent toutes leurs attentions.

Pour information, le testicule noir ou blanc moyen mesure un tout petit peu moins de 5 centimètres de long sur 2 de large et possède un diamètre de 3 centimètres, même si certains d'entre eux ne font que la moitié de cette taille et que quelques très rares autres sont moitié plus gros, le plus volumineux faisant très précisément le double en volume du plus petit (dans *Purple America* de Rick Moody, Jane Ingersoll compare les testicules de Radcliffe à des « petits cachous, contrairement à ces astéroïdes que certains de ses petits amis lui ont dévoilés »). Les hommes plus grands et plus lourds (mais non obèses) ont tendance à avoir de gros testicules, mais la corrélation est assez faible – et n'a pas de rapport avec la taille du pénis. On ne sera pas surpris d'apprendre que les hommes dotés de plus gros testicules produisent quotidiennement plus de sperme et éjaculent plus fréquemment.

Une recherche testiculaire plus orientée vers la sociologie a conclu que les hommes dotés de gros testicules étaient plus susceptibles d'être volages, et inversement pour ceux dotés de petits testicules. Toute femme en quête d'un compagnon fidèle serait ainsi bien avisée d'investir dans un orchidomètre.

ESTHÉTIQUE, FONCTION ET FEMMES

Il est peu vraisemblable qu'un pénis quelconque affiche plus qu'une vague ressemblance avec ceux des statues grecques. Pourtant généralement fidèles à la réalité dans leur représentation des détails anatomiques, les anciens Grecs idéalisaient à ce point le pénis qu'ils ont toujours pris soin de gommer ses imperfections. Les pénis de chair et de sang ont peu de chances d'être aussi gracieux, fins et élancés que ceux de la statuaire antique ou d'une Renaissance éprise de tradition grecque (sur le plafond de la chapelle Sixtine, l'Adam de Michel-Ange, bâti comme un haltérophile, semble à peine assez équipé pour pouvoir perpétuer l'espèce humaine) ; quant aux testicules, ils ne sont en principe jamais assez symétriques (la paire idéalement assortie revenant au roi, selon le *Brihat Samhita*) pour être représentés comme tels, sauf peut-être quand ils sont contractés par le froid ou la peur. Pour être franc, un pénis au repos apparaît la plupart du temps de guingois et le scrotum dans son état normal pend et ballotte comme un avocat flétri sur une branche (« avocat » vient du mot aztèque désignant le scrotum) ; pour ce qui est des testicules, ils sont de taille inégale, le droit étant à quelques rares exceptions près plus gros que le gauche (parce que le cordon spermatique est plus long de ce côté) et pendant plus bas, curieusement irrespectueux de la « préférence manuelle » (gaucher, droitier) de son propriétaire – selon les très respectables tailleurs pour hommes Gieves & Hawkes, quelque 80 % des hommes trouvent plus confortable de « porter à gauche ».

Alors qu'elle contemple « cette partie essentielle de l'homme [et] ce merveilleux sac à trésors rempli de douceurs de la nature », la Fanny Hill de John Cleland en conclut qu'ils « forment la plus intéressante image vivante de la nature, à coup sûr infiniment supérieure à ces nus que proposent les peintres, les statuaires ou tout autre artiste et qui se négocient pour des sommes astronomiques » ; pour sa part, Lawrence fait dire à une Connie Chatterley extatique que les parties génitales de Mellors sont « la racine printanière de toute absolue beauté ».

Hélas, il ne s'agit là que d'une manière masculine de prendre ses désirs pour des réalités. Certaines femmes peuvent bien entendu être d'accord, et parmi elles l'artiste américaine Betty Dodson qui réalisa seize croquis de parties génitales masculines « afin que les hommes puissent constater la merveilleuse variété de leurs organes sexuels » (*Sex for One*) ; il n'en demeure pas moins concevable qu'elle se soit laissé emporter par son enthousiasme en décrivant les pénis comme des « bites classiques », des « bites baroques » ou des « bites danoises modernes aux lignes épurées ». La prostituée d'*Esclaves de New York* de Tama Janowitz rencontre elle aussi toutes sortes de pénis dont, presque aussi dithyrambique

que Betty Dodson, elle qualifie certains de « magiques, saupoudrés de perles comme les grands minarets du Taj Mahal ». À l'autre extrémité du spectre, certaines femmes comme la poétesse Sylvia Plath considèrent les parties génitales masculines avec un profond dégoût, évoquant « vieux cous et gésiers de poulets » ou, comme Jane Ingersoll dans *Purple America*, « la partie de l'anatomie la plus horrible qui soit, à égalité avec le goitre ».

Peut-être, en exprimant une opinion médiane, Esther Vilar parle-t-elle dans *L'Homme subjugué* au nom de la majorité de ses semblables en affirmant qu'« aux yeux d'une femme, le pénis et le scrotum masculins paraissent superflus dans un corps par ailleurs bien proportionné » (au regard de l'épidémie d'obésité galopante, « bien proportionné » peut sembler une vue de l'esprit, mais passons). À coup sûr, l'immense majorité des femmes trouvent le corps féminin, désencombré de sa plomberie sexuelle externe, infiniment plus plaisant d'un point de vue esthétique ; comme y songe Molly Bloom avant de s'assoupir, les statues de femmes du musée sont « tellement belles, c'est évident, comparées à ce à quoi ressemble un homme avec ses deux sacs qui pendouillent et l'autre machin qui lui ballotte entre les jambes ou se dresse vers vous comme un porte-chapeaux, pas étonnant qu'ils le cachent derrière une feuille de chou » (James Joyce, *Ulysse*).

Les sentiments des hommes à l'endroit de leur pénis sont confus et contradictoires. L'affection qu'ils lui portent est telle que seule semble-t-il la bienséance empêche bon nombre d'entre eux d'appliquer un autocollant clamant « J'♥ MON PÉNIS » sur la vitre arrière de leur voiture. Mais cette fierté est sous-tendue par une anxiété protéiforme. Eric Gill n'en souffrait pas, qui confia à son journal intime que, selon lui, « le pénis et les couilles de l'homme sont des choses magnifiques ». D'autres peuvent acquiescer et, comme Sébastien dans *Roméo et Juliette*, se considérer comme un « joli morceau de viande » (« viande » étant, bien entendu, à prendre comme un euphémisme biblique). Mais la plupart des hommes estimeront sans doute que le journaliste A. A. Gill faisait preuve d'une certaine pertinence lorsqu'il décrivait les organes génitaux masculins comme un « service à condiments tendineux » et, nonobstant leur affection pour les leurs, se demanderont s'ils ne sont pas du dernier ridicule à contempler.

« Votre pénis fait-il horreur aux femmes ? » clamait en une le magazine *FHM*, jouant sur cette insécurité fondamentale ; un article en pages intérieures demandait à quatre femmes de comparer le pénis de leur partenaire à d'autres apparaissant à travers un trou. Si l'on peut difficilement le qualifier de « scientifique », l'exercice démontrait que les femmes identifiaient sans peine le bidule de leur partenaire (preuve tangentielle de la singularité pénienne) et exprimaient de l'affection à son égard – mais plus parce qu'il appartenait à leur moitié que parce qu'il était attirant en soi. Si elles manifestèrent un soupçon de dégoût pour les trois organes qui ne leur étaient pas familiers – « On dirait un serpent qui a avalé un ballon de foot », « Trop de peau qui pendouille », « Un machin dans la vitrine d'une boucherie » –, elles les trouvèrent cependant tous plutôt rigolos, y compris le « leur ». Du point de vue des femmes, le pénis en soi peut être considéré comme quelque chose que le

Créateur a gribouillé pendant un moment d'oisiveté. « Il n'existe rien de plus ridicule qu'un homme nu », affirma un jour l'actrice très BCBG Jane Asher, sentiment dont se fit l'écho Deborah de Derby le jour où elle participa avec son petit ami à une émission de télé consacrée aux préliminaires : « La seule vue du pénis de Dave me fait me tordre de rire », affirma-t-elle.

Simone de Beauvoir avait incontestablement raison quand elle fit remarquer, dans *Le Deuxième Sexe*, que s'il envisage ne serait-ce que l'idée de l'érection d'un autre homme comme une « parodie grotesque », le détenteur d'un pénis « n'en considère pas moins la sienne avec un brin de vanité ». À dire vrai, elle sous-estimait l'affaire, car l'érection d'un détenteur de pénis – « l'ornement le plus précieux de l'homme » (Eric Gill à nouveau) – est sa crinière de lion et sa queue de paon, la source de son identité, le centre névralgique de son être, l'étendard de sa masculinité. Pour un détenteur de pénis, sa propre érection est une chose aussi merveilleuse que la métamorphose d'une chenille en papillon, voire un miracle sans cesse renouvelé :

> [C'est] une merveille d'ingénierie hydraulique. Au regard de son efficacité avérée, de sa fiabilité et de son caractère répétitif, on peut la comparer aux écluses de Gatun du canal de Panama qui, depuis 1914, soulèvent avec une douceur prompte et sûre les paquebots transocéaniques à vingt-huit mètres au-dessus des houles de l'Atlantique et du Pacifique. La puissance irrépressible du mécanisme pénien égale en ingéniosité les torrents de montagne dont la canalisation intelligente alimente depuis 1910 les turbines afin de nourrir d'électricité les lampes d'innombrables

villes lointaines. Dans sa mise en application de la mécanique des fluides visant à l'obtention d'une force motrice, l'habile simplicité de l'érection pénienne évoque le bélier hydraulique ou les moulins à eau que l'on rencontrait jadis partout dans les campagnes…

Les possesseurs de pénis aimeraient ne voir aucune ironie dans cette logorrhée quasi rabelaisienne tirée de *The Alarming History of Sex* de John Gordon. Car ce qu'ils souhaitent obtenir au nom de leur pénis en érection mais qu'ils ne peuvent exprimer, c'est une admiration béate de la part des femmes. Voilà ce que tous les mâles du règne animal désirent, ainsi que l'a compris Konrad Lorenz à partir de son observation des poissons tropicaux – ce qu'il nomme l'« effet cichlide ». En témoigne cet extrait de *L'Amant de Lady Chatterley*, points d'exclamation turgescents inclus :

> « Laisse-moi te voir ! »
> Il laissa tomber la chemise et se tint immobile tout en regardant dans sa direction. À travers la fenêtre basse, le soleil projetait un rayon qui illuminait ses cuisses et son ventre plat ainsi que le phallos en érection qui émergeait, l'air sombre et chaud, du petit nuage de poils d'un roux éclatant. Elle fut surprise et apeurée.
> « Comme c'est étrange ! dit-elle lentement. Comme est étrange sa façon de rester dressé ! Si grand ! Et si sombre et sûr de lui ! Est-il ainsi ? »
> L'homme abaissa les yeux sur son corps mince et blanc et rit. Entre les menus tétons le poil était brun, presque noir. Mais à la racine du ventre, là où le phallos se dressait, épais et arqué, il était d'un rouge doré, tel un petit nuage coloré.

« Tellement fier ! murmura-t-elle, mal à l'aise. Et si hautain ! Je sais maintenant pourquoi les hommes sont si autoritaires. Mais il est adorable, vraiment. Comme un être à part ! Un peu terrifiant ! Mais vraiment *adorable* ! Et il vient à moi ! » Excitée et effrayée, elle se mordit la lèvre inférieure.

La réaction de Connie Chatterley est exactement ce qu'elle devrait être, auront tendance à penser les hommes à un niveau ou à un autre de leur moi (tout en approuvant au passage les points d'exclamation turgescents). Mais hélas, une fois encore, il ne s'agit là que de l'expression des vœux pieux masculins.

Selon Esther Vilar, le pénis en érection « semble si grotesque pour une femme, la première fois qu'elle en entend parler, qu'elle a du mal à croire que cela existe ». La première rencontre a peu de chances d'améliorer les choses dans la mesure où, comme le disent avec beaucoup de tact Inge et Sten Hegeler, « un pénis en érection ne ressemble en rien à ceux des statues des parcs ou des petits garçons qui barbotent au bord de la mer qu'elles ont pu voir ». Isadora Wing est étonnamment peu impressionnée par sa première rencontre avec un « phallos » (à l'instar de D. H. Lawrence, Erica Jong privilégie l'orthographe grecque) ; en fait, elle est surtout intriguée par l'« exceptionnel motif de veines bleues sur sa face inférieure ; un violet à la Kandinsky » (il faut dire qu'elle est licenciée en histoire de l'art). La majorité des femmes auront davantage de chances de trouver un écho à leur propre expérience dans un article de Lorraine Slater pour le magazine *FHM* :

> La première fois que j'ai vu de mes propres yeux une vraie bite bien vivante restera à tout jamais gravée dans ma mémoire. J'avais quinze ans et après quelques verres de trop, je flirtais contre un mur avec mon nouveau mec quand il a tout à coup essayé d'introduire de force ma main dans son pantalon. Pour une raison quelconque, il voulait que je câline une protubérance douce et arrondie située quasiment au niveau de son nombril. Quand j'ai baissé les yeux, j'ai vu une espèce de prune pelée luisante à l'air furieux qui me fixait depuis le haut de son ceinturon. « Doux Jésus, me suis-je dit, horrifiée. C'est son gland ? » J'étais déboussolée. Comment diable avait-il pu grimper tout là-haut ? Pourquoi ne nous avertit-on jamais de la couleur ? Ni de la finition brillante ?

Maggie Paley, auteur du *Pénis dans tous ses états*, dit la même chose mais y mettant moins de nuances : « Il était aussi horrible qu'un monstre venu de l'espace et paraissait tenir son maître en son pouvoir. » Kinsey, dans *Le Comportement sexuel de la femme*, découvrit que quelques femmes étaient à ce point dégoûtées par le membre viril en érection que leur comportement érotique s'en trouvait à tout jamais inhibé, situation désolante qui renvoie au bon conseil donné à un personnage de *3 lits pour 8* d'Alan Ayckbourn : « Ma mère me disait toujours : “Delia, si jamais le S E X E dresse son horrible tête, ferme les yeux avant d'avoir vu le reste.” » Bien évidemment, l'immense majorité des femmes s'accommodent de la réalité de la mécanique sexuelle masculine : un rite de passage obligé. Étant par nature pratiques, elles voient dans une érection ce qu'elle est, à savoir le réflexe d'une partie du corps prête à faire son boulot : consommer une relation sexuelle

– et ce même si elles sont probablement d'accord avec Esther Vilar pour penser qu'« il paraît incroyable... que l'homme ne puisse pas rentrer son pénis après usage et l'escamoter comme l'antenne d'une radio portative ». Et pourtant, ainsi que le fait remarquer Susan Bordo dans *The Male Body* : « Quelle autre partie du corps humain est-elle capable de rendre aussi manifestes pour l'autre et la montée du désir et l'assujettissement du corps à ce désir ? »

Qu'ils puissent être eux-mêmes les maîtres d'œuvre de l'éveil du pénis à la vie est pour les hommes un sujet permanent de fascination et de fierté. On ne sera pas surpris d'apprendre que les femmes seraient extrêmement curieuses de savoir quelle impression peut ressentir un possesseur de pénis, ce que ce dernier trouve pratiquement impossible à expliquer. « Cela paraît léger et pesant en même temps, comme un tuyau de plomb doté d'ailes », avance Henry Miller (*Tropique du Cancer*). « À la frontière de la matière et de l'illusion », propose John Updike (*Bech voyage*). La plupart des hommes argueraient que les mots sont impuissants à décrire cet état. Dans les phases paroxystiques, un homme peut avoir l'impression qu'il est tout entier érection et peut-être, comme James Boswell, le biographe de Samuel Johnson, se sentir détenteur d'une « vigueur divine ». Au cours de sa rêverie nocturne, Molly Bloom se demande quel effet cela lui ferait d'être un homme « uniquement pour essayer ce truc qu'ils vous dilatent dessus » (James Joyce, *Ulysse*). Ce n'est pas là une proposition vraiment sérieuse – le pénis n'ayant d'autre utilité pour les femmes que d'être partagé un instant avant d'être restitué. Il y a quelques années, un éditeur demanda à trente femmes de contribuer à un livre intitulé *Dick for a Day* (Bite d'un jour), et l'écrivain Germaine Greer répondit, en s'exprimant au nom du sexe féminin : « Le mieux, ce serait encore de nous en débarrasser. »

La taille du pénis a-t-elle une importance pour les femmes ? Cette collaboratrice du magazine *FHM* n'en doute pas un instant :

> Au cas où vous seriez un de ces mecs qui ont été maternés par une petite amie indulgente, la question « La taille a-t-elle une importance ? » ne fait pas débat. Il y a bien longtemps que le jury a délivré son verdict sur le sujet et, oui, elle a une sacrée importance. Les bites ne font pas le poirier, ne cuisinent pas comme des chefs et ne parlent pas ourdou. Elles entrent et sortent, entrent et sortent. La taille compte !

Le corollaire, bien entendu, c'est que certaines femmes détestent les gros pénis, comme Sandra Corleone dans *Le Parrain* de Mario Puzo :

> Quand j'ai vu la poutre de Sonny pour la première fois et réalisé qu'il allait l'enfoncer en *moi*, j'ai hurlé au meurtre… quand j'ai appris qu'il en faisait profiter d'autres filles, je suis allée allumer un cierge à l'église.

Mais qu'en est-il de la majorité des femmes ? Vinci pensait que « les désirs d'une femme sont le contraire de ceux d'un homme. Elle voudrait que la dimension du membre masculin soit aussi grande que possible tandis que l'homme souhaite le contraire en ce qui concerne les parties génitales de la femme ». La première affirmation de Vinci fut contredite par Masters et Johnson qui, dans les années 1970, conclurent que la dimension ne jouait aucun rôle dans la satisfaction sexuelle de la femme. De nos jours, les chercheurs ne sont pas forcément d'accord avec cette conclusion. Quand un pénis est trapu, il entre en contact plus étroit avec les parties externes du vagin et transmet ce faisant, pense-t-on, des vibrations au clitoris qui est le stimulateur de la gratification sexuelle féminine. La question de savoir si le fait d'avoir un tel pénis a une incidence physiologique ou s'il ne s'agit que d'une prédilection d'ordre psychologique reste ouverte. Ce qui n'est en revanche pas discutable, c'est que la taille du pénis n'a qu'une importance secondaire. « Si les choses ne se passent pas trop mal par ailleurs, je doute qu'aucune femme y attache beaucoup d'importance », fit remarquer la dramaturge américaine Lilian Hellman (*Pentimento*).

Comme l'affirme clairement Alex Comfort dans *Les Joies du sexe*, « l'orgasme féminin ne dépend pas de la profondeur de la pénétration dans le bassin ». Il existe à cela une raison pure et simple, tout bonnement physiologique : seuls les cinq premiers centimètres du vagin sont riches en terminaisons nerveuses. Le fin mot de l'histoire, c'est donc que sauf anomalie spectaculaire, aucun pénis en érection n'est trop court pour franchir ce que les Chinois appellent poétiquement la « terrasse de jade » et établir de façon satisfaisante le contact à l'endroit idoine. Et si dans des cas très, très exceptionnels un pénis peut se révéler trop long, il n'est virtuellement jamais trop épais. À quelques semaines de son mariage, un jeune homme écrivit à Kinsey pour lui expliquer que son pénis mesurait dix-huit centimètres de long et quinze de circonférence, ce qui l'amenait à craindre que son organe soit « trop gros pour des rapports avec une femme normalement constituée ». Kinsey lui répondit : « Nous n'avons jamais eu à déplorer que les dimensions du pénis posent problème lors des rapports sexuels. Nous avons au contraire constaté des ajustements réussis pour des pénis mesurant cinq ou sept centimètres de plus que le vôtre. » Se voulant aussi rassurant que possible, Kinsey ne disait cependant pas tout à fait la vérité : aussi élastique que soit le vagin, un pénis « rare », dans le sens kinseyien du terme, peut accéder au col de l'utérus et au cul-de-sac vaginal et provoquer des souffrances ; un homme doté d'un tel pénis devrait disposer de l'équivalent d'un joint de robinet pour adapter son intromission. Cela dit, la très expérimentée Phoebe avait entièrement raison de dire à l'inexpérimentée Fanny Hill qu'elle n'avait « jamais entendu parler d'une blessure mortelle infligée à ces régions par cette arme terrible ». Le vagin est extrêmement accommodant – après tout, il laisse bien le passage à un bébé lors des accouchements – et s'adapte à toutes les tailles de pénis qui se présentent à lui.

Comme les hommes, les femmes ont bien entendu leurs préférences. Certaines, par exemple, ont une prédilection pour les pénis circoncis qu'elles trouvent plus « propres », d'autres les pénis pourvus d'un prépuce dont la façon de se retrousser lors des érections possède un caractère intrigant. Mais au final, le fait qu'un homme soit « tête ronde » ou « cavalier » a probablement aussi peu de signification que la taille de son pénis. Si certaines femmes préfèrent les « grosses », ce n'est probablement pas là leur préoccupation majeure. C'est le sentiment qui prévaudra – et la femme acceptera un pénis pour ce qu'il est, à savoir une partie intégrante de la personne : « Il ressemblait de la façon la plus naturelle qui soit à une partie de lui-même et non à une seconde vie parasite en forme de rigide excroissance greffée sur lui », comme le dit fort à propos John Updike dans *Couples*. Bref, tout homme sensé devrait être assuré qu'une femme est plus susceptible d'être attirée par des épaules larges et des fesses coquines (à condition qu'il en soit doté) et par sa capacité à la faire rire que par ses parties génitales. Et s'il connaît cette phrase d'Abraham Lincoln disant que les jambes d'un homme n'ont nul besoin d'être plus longues que nécessaire pour leur permettre d'atteindre le sol, il devrait se sentir tout à fait à l'aise avec ce qu'il possède. Au final, ce qui importe vraiment, c'est qu'il se serve de son pénis de manière à satisfaire sa partenaire aussi bien que lui-même.

Cependant, les études montrent que quels que soient leur niveau intellectuel, leur éducation et leurs origines ethniques ou culturelles, les hommes ne manquent presque jamais de demander aux femmes si le pénis de leurs prédécesseurs dans leur couche était plus gros que le leur. Pour détourner une phrase de Delacroix (qui parlait de peinture) : « Les hommes ont tendance à admirer davantage ce qui est gigantesque plutôt que ce qui est raisonnable. »

Quelle qu'ait été l'évolution du pénis humain, Jared Diamond note qu'il est quatre fois plus gros qu'il serait biologiquement nécessaire et que « d'un simple point de vue structurel, il coûte cher et est préjudiciable à son propriétaire ». Il ajoute que si le tissu fonctionnel superflu « était consacré à l'accroissement du cortex cérébral, cet homme au cerveau reconfiguré en tirerait de grands avantages ». Aussi indiscutable que soit cette affirmation, on peut pourtant supposer que les hommes disposés à subir pareille mutation seraient bien peu nombreux. En vérité, observe Phillip Hodson dans *Men : An Investigation Into the Emotional Man*, si la majorité des possesseurs de pénis avaient le choix, ils ne seraient satisfaits « qu'avec des phallus à la Beardsley et de dimensions telles qu'il leur faudrait les porter à deux mains ».

« Toujours tu diras de son membre viril qu'il est énorme, merveilleux, plus gros qu'aucun autre, plus gros que celui de ton père quand il se déshabillait pour prendre son bain. Et tu ajouteras : "Viens me remplir, ô ma merveille." »

Manuel japonais pour geishas du VIIIe siècle

DU SECOND AU PREMIER RÔLE

Au XVIe siècle, une paysanne française de quinze ans nommée Marie était en train de surveiller un troupeau de porcs quand ceux-ci s'enfuirent dans un champ de blé. Les prenant en chasse, Marie bondit par-dessus un fossé. Si l'on en croit le chirurgien Ambroise Paré, il en résulta que « ses parties génitales et sa verge masculines commencèrent à se développer ». Consternée, Marie courut trouver secours auprès du médecin et de l'évêque, mais aucun des deux ne fut en mesure de l'aider. Résignée, Marie se fit rebaptiser Germain et s'en alla servir à la cour du roi. Des années plus tard, Montaigne, en route pour l'Italie, fit une halte pour voir le prodige, lequel n'était pas chez lui. Il ne s'était jamais marié, raconta-t-on à Montaigne, mais il avait une « grande barbe très fournie ».

Si la femme de la Renaissance s'inquiétait à l'idée que toute activité par trop épuisante puisse lui faire courir le risque d'un changement de sexe – « Il existe encore une chanson que l'on entend souvent dans la bouche des filles, note Montaigne, et dans laquelle elles s'avertissent les unes les autres de ne pas trop largement écarter leurs jambes de crainte de se transformer en mâles » –, l'homme de la Renaissance fut quant à lui scandalisé, à tout le moins, par l'histoire de Marie/Germain et d'autres semblables, convaincu qu'il était d'être né pour dominer les femmes et que la Bible l'attestait. « Le monde entier a été créé pour les hommes », confirmait le médecin et philosophe Thomas Browne dans *La Religion d'un médecin* publié en 1642. Et d'ajouter : « L'homme est le monde entier et le souffle de Dieu ; la femme est un os surnuméraire de l'homme. » La biologie ne prétendait pas autre chose.

Tout d'abord, puisque Dieu avait créé l'homme à sa propre image, il s'ensuivait *ipso facto* que Dieu était lui aussi doté d'un pénis et qu'en étant dépourvue, la femme était par définition inférieure. La médecine soutenait, ainsi qu'elle le faisait depuis plus de mille ans, que tous les fœtus étaient mâles : les bébés venant au monde et qui appartenaient au sexe féminin n'avaient tout bonnement pas réussi à atteindre la perfection masculine. Les organes reproducteurs de la femme étaient considérés masculins, mais dans un état imparfait : l'utérus correspondait au scrotum, les ovaires aux testicules, le vagin au pénis et les lèvres au prépuce. Toutes ces choses, à l'exception de la dernière, étaient restées à l'intérieur du corps de la femme parce que celle-ci avait produit trop peu de chaleur pour les en extraire – un processus qui n'est pas sans évoquer le retournement d'un gant de toilette.

Pour l'homme de la Renaissance, le pénis était le don suprême de Dieu, et le fait qu'une femme puisse subitement en acquérir un constituait non seulement un affront fait au Seigneur et à l'ordre naturel des choses, mais également aux possesseurs légitimes de pénis. Pour Léonard de Vinci, le corps humain – le corps mâle d'un possesseur de pénis – était même une reproduction du mécanisme de l'univers, ainsi qu'il le dépeint dans son fameux dessin de l'*Homme de Vitruve*.

Le responsable du statut d'être inférieur dévolu à la femme dans la mentalité occidentale est le médecin grec Galien. C'est lui qui, alors même qu'il n'avait jamais vu à quoi ressemblait l'intérieur d'un corps humain (il n'avait disséqué que des chiens et des porcs), formula la théorie erronée selon laquelle il n'existait qu'un seul modèle de physiologie humaine. « En retournant vers l'extérieur les organes sexuels de la femme, puis en retournant vers l'intérieur ceux de l'homme, on découvrira qu'ils sont en tout point similaires », écrivait-il. Jusqu'aux Lumières, il n'y avait tout simplement pas de mots pour désigner la plomberie féminine. Il est évidemment venu à l'esprit de Galien qu'il était on ne peut plus utile que la moitié de la race humaine soit constituée de mâles inaboutis permettant la reproduction, sans parler du plaisir procuré par les relations sexuelles. Selon lui, le Créateur n'aurait pas « volontairement [agi ainsi] si pareille mutilation n'avait présenté de sérieux avantages ».

En a-t-il toujours été ainsi de l'infériorité féminine ? Selon certains, durant la préhistoire, la situation était tout à fait différente et la femme dominait l'homme parce qu'elle possédait une dimension magique : de façon mystérieuse, elle saignait tous les mois puis se guérissait elle-même, et elle engendrait de nouvelles vies issues de son propre corps. Toutefois, dès que l'homme eut réalisé qu'il était indispensable à la conception, les non-possesseurs de pénis se virent relégués à un rang inférieur. Jusqu'à une époque relativement récente, les scientifiques considéraient que cela ne s'était produit qu'il y a environ dix mille ans, quand les gardiens de troupeaux et les fermiers, soucieux de contrôler la sexualité animale, avaient établi le lien avec la leur. Aujourd'hui, la plupart des anthropologues et des psychologues récusent cette chronologie, ils la jugent même insultante pour nos ancêtres qui, il y a dix mille ans, possédaient depuis quelque cent cinquante mille ans déjà un cerveau moderne du point de vue anatomique.

Tout cela n'est qu'hypothèse. Ce qui est en revanche indiscutable, c'est que si jadis le pénis n'eut d'autre fonction qu'utilitaire dans la saga humaine, il jouait déjà les premiers rôles à l'époque où apparut l'écriture, il y a environ cinq mille ans. Ainsi que le fait remarquer avec perspicacité Isadora Wing, « tout au long de l'histoire, les livres ont été écrits avec du sperme et non avec le sang des menstruations ».

La chose est plus qu'évidente dans la mythologie, ces chroniques surnaturelles de l'aube des temps et de la naissance du genre humain. C'est ainsi, par exemple, que le dieu égyptien Amon créa le monde en avalant sa propre semence avant de la recracher. Le dieu Aton, lui, se masturba pour enfanter le Nil, tandis qu'en Mésopotamie le dieu Enki « dressa son pénis, éjacula et emplit le Tigre » et conserva assez de vigueur pour s'en aller créer l'Euphrate de façon similaire (où il creusa de surcroît des fossés d'irrigation avec son pénis). L'homme ne fut pas long à créer ses dieux à sa propre image : dotés d'un pénis – voire de trois dans certaines représentations d'Osiris. Les Phéniciens avaient même baptisé leur dieu principal Assur, ce qui signifie « pénis », « l'Heureux ». L'homme était également déjà préoccupé par ses dimensions. La verge céleste du dieu indien Shiva surgit du monde inférieur et grimpa jusqu'aux cieux qu'il fit paraître ridiculement petits, impressionnant ainsi tellement les autres dieux qu'ils ne purent que s'incliner et le vénérer.

Il existait aussi bien entendu dans le monde antique des déesses, mais si leur pouvoir fécondateur avait ses thuriféraires, aucune ne joua un rôle prédominant dans aucune culture. Le pénis en érection (dit « ithyphallique ») dictait sa loi et les monuments construits à son image, généralement en pierre (les Japonais plébiscitaient également le fer), se dressaient telles des dents de dragon à travers tout le globe. En Grèce, vers le IIIe siècle avant notre ère, on trouvait sur l'île de Délos une avenue entière bordée d'énormes érections montées sur de prodigieux testicules et dirigées vers le ciel comme des canons. Des hermès – des colonnes carrées en pierre lisse ornées de la tête barbue du dieu messager Hermès et, à mi-hauteur, d'un « bâton-pénis » en érection –, les plus connus et les plus élaborés des monuments phalliques, étaient placés à chaque croisement de routes afin d'offrir leur protection aux voyageurs qui les oignaient souvent d'huile ou de vin et ne manquaient jamais de les palper pour qu'ils leur portent chance. Leurs équivalents japonais, les *dosijina*, se dressaient de la même manière à chaque coin de rue et à l'intérieur de chaque foyer, idem chez les Égyptiens, les Indiens, les Hébreux, les Arabes et les autres peuples sémites. Les tribus celtes et scandinaves d'Europe plaçaient, elles, des pierres phalliques aux endroits stratégiques délimitant les frontières et devant leurs entrées.

Les Romains adoptèrent l'hermès et le propagèrent à travers tout l'Empire, allant même jusqu'à faire graver sur leurs pierres tombales la représentation de leur visage et de leurs parties génitales. Rome s'appropria également le dieu grec Priape, en permanence prêt à l'action – le mot « phallus », désignant le pénis en état d'érection, dérive quant à lui du nom du dieu Phallus dont les jeunes hommes plébiscitaient l'activité sexuelle insatiable. Les Grecs, les Romains et d'autres encore gravaient des pénis sur les murs de leurs cités, de leurs maisons et de leurs salles communes pour en éloigner le mauvais sort, de même qu'ils protégeaient leurs champs au moyen de reproductions de pénis – voire, parfois, au moyen de la chose elle-même, prélevée sur des criminels ou des ennemis exécutés. Ils décoraient les objets domestiques de phallus, cuisinaient des gâteaux phalliques pendant les fêtes et portaient des amulettes phalliques – *fascina* en Grèce – censées accroître leur énergie sexuelle en même temps que les protéger du mal. Des représentations des dieux phalliques étaient promenées lors de processions sacrées, nanties (selon Hérodote, qui visita l'Égypte au Ve siècle avant J.-C.) de membres mobiles « d'une magnitude disproportionnée » auxquels étaient reliées des cordes servant à contrôler leurs mouvements. Beaucoup avaient de grands yeux peints sur le gland, versions précoces de l'œil de la Providence qui voit tout, et les femmes les couvraient de guirlandes et de baisers.

On ne saurait en aucun cas sous-estimer ni la déférence dont les organes génitaux masculins faisaient jadis l'objet ni le pouvoir dont leurs représentations étaient soi-disant porteuses. Les généraux romains victorieux rentraient chez eux avec un faux pénis de grande taille accroché à leur char : symbole de victoire, mais aussi talisman contre l'envie. Au Moyen-Orient, il n'était pas rare que le nouveau roi mange le pénis de son défunt prédécesseur pour absorber son pouvoir. À Kyoto, lors d'une cérémonie dédiée à une déesse locale importune réputée vouloir séparer les amoureux, des jeunes hommes promenaient son effigie à travers les rues après avoir au préalable ôté leur pagne, histoire de l'empêcher de nuire grâce au seul spectacle de leur virilité. Pendant les relations sexuelles, les hommes et les femmes grecs et romains gardaient parfois au creux de la main des graines en forme de testicules visant à améliorer leurs performances. Dans le monde entier, les preuves historiques et archéologiques abondent pour témoigner que dans quasiment toutes les cultures les jeunes femmes avaient pour habitude de chevaucher un phallus de pierre ou de bois, le *lingam* indien, avant leur nuit de noces afin d'offrir leur virginité à leurs dieux (ou parfois, comme l'écrivit le sarcastique poète romain Lactance, « pour faire croire qu'un dieu avait été le premier à recevoir le sacrifice de leur pudeur ») ; certaines femmes plus âgées employaient le même moyen pour combattre leur infertilité.

Chez les Égyptiens, les Romains, les Sémites, dont les Arabes et les Hébreux, les parties génitales masculines faisaient l'objet d'une telle estime qu'elles servaient même de fondement au droit coutumier. Les hommes s'empoignaient et prêtaient serment sur ce qu'ils empoignaient. « Ô Père des organes virils, sois le témoin de mon serment », psalmodiaient les Arabes. Les Romains faisaient de même en se tenant les testicules, ou « petits témoins », affirmant ainsi leur probité en plus de leur virilité. Les Hébreux allaient plus loin encore, les hommes faisant leurs promesses tout en agrippant les testicules de celui envers qui ils s'engageaient. « Pose ta main sous ma cuisse et jure par le Seigneur… que tu ne prendras pas femme parmi les filles de Canaan », ordonne Abraham à son serviteur dans la Genèse. On trouve d'autres exemples semblables dans l'Ancien Testament – ainsi quand Salomon est couronné roi de toutes les tribus d'Israël, les Chroniques relatent que « tous les princes et les hommes puissants et aussi les fils du roi David passèrent leur main sous Salomon ». Sérieusement embarrassés, les traducteurs de la Bible se résolurent à employer d'obscures circonlocutions. Il n'existe pas de preuve que les anciens Grecs témoignaient « génitalement », mais à Athènes les aînés caressaient ouvertement les testicules de ceux qui n'avaient pas encore l'âge de se laisser pousser la barbe quand ils les saluaient dans la rue. « Tu rencontres mon fils alors qu'il quitte le gymnase tout propre sorti des bains et tu ne l'embrasses pas, tu ne lui dis pas un mot, tu ne lui palpes même pas les couilles. Et tu prétends être un de nos amis », se plaint un personnage dans *Les Oiseaux* d'Aristophane.

Bien que le serment génital n'ait apparemment pas essaimé au-delà des cultures romaine ou moyen-orientales, une coutume du Moyen Âge européen exigeait qu'une femme accusant un homme de viol atteste de sa bonne foi en posant sa main droite sur la relique d'un saint et la gauche sur le « membre peccant ». Si le pénis n'était plus l'arbitre de toutes choses à la Renaissance, il n'en resta pas moins le seigneur de tout ce sur quoi celle-ci se penchait.

Au siècle des Lumières et ensuite, les progrès de la médecine et de la compréhension du fonctionnement du corps humain tout autant que la régression des superstitions érodèrent néanmoins progressivement son pouvoir. Mais au début du XXe siècle, une discipline nouvelle nommée « psychanalyse » fit son apparition et, s'il ne fut pas précisément réinstallé sur son piédestal, le pénis se retrouva de nouveau en vue grâce aux conclusions de Sigmund Freud affirmant que les femmes souffraient de ne pas en posséder.

Freud émit l'hypothèse selon laquelle, lorsqu'elles étaient encore petites filles, les femmes voyaient le pénis d'un frère ou d'un compagnon de jeux et, l'identifiant à l'instant comme l'équivalent supérieur de leur propre « petit et discret organe », en devenaient jalouses – un sentiment qui ne disparaissait que quand leur désir subconscient d'un pénis « se transforme en celui d'un homme ». Freud affirmait également que les femmes étaient envieuses du pénis en tant qu'instrument urinaire. Pendant leur enfance, voyant en effet des petits garçons se soulager et, comme s'ils jouaient à quelque jeu brandir leur pénis (qui n'a rien à envier au sabre laser des Jedi), elles se sentaient frustrées de se voir refuser le même plaisir de manipulation inventive – et puis les non-possesseurs de pénis sont obligés de s'asseoir, ce pourquoi Freud les plaignait énormément. Comme bien d'autres de ses confrères, il pensait que cette expérience précoce était la cause de l'association que faisaient beaucoup de femmes entre un tuyau d'arrosage et un pénis, et ce parce que, comme l'expliqua une de ses patientes à Havelock Ellis, se servir d'un tuyau « ressemble délicieusement à la manipulation d'un pénis ».

On s'étonnera moins désormais que les femmes adorent arroser leurs parterres de fleurs.

INFLUENCES SÉMINALES

Les Athéniens pensaient qu'un petit pénis était non seulement préférable sur le plan esthétique et sexuel, mais qu'il constituait également un mécanisme de reproduction humaine d'une efficacité supérieure. Aristote se chargea de la démonstration scientifique en affirmant qu'ayant une moindre distance à parcourir, le sperme parvenait à sa destination à la chaleur requise (un argument de plus qui, en certaines circonstances, peut s'avérer des plus utiles pour les hommes dotés de petits pénis).

Dans le monde antique, le sperme était, comme le pénis lui-même, considéré avec une sorte d'émerveillement : on voyait en lui la plus précieuse des substances. Les Grecs étaient persuadés que le sperme d'un homme plus âgé transmis à un plus jeune au cours d'une relation homosexuelle contribuait à renforcer la virilité du receveur et lui transmettait de la sagesse. Les Romains fêtaient la première éjaculation d'un fils lors de fêtes annuelles nommées Liberalia. De la même façon qu'ils protégeaient leurs champs à l'aide de faux pénis, les Romains comme les Grecs, ainsi que d'autres peuples, y répandaient du sperme pour mieux faire pousser leurs cultures, une pratique toujours en vigueur dans certaines régions d'Afrique. Au milieu du siècle dernier, la tribu zuñi du Nouveau-Mexique conduisait encore au printemps un de ses chamanes à dos de cheval dans les plaines et le masturbait pour s'assurer que les bisons reviendraient.

En Orient comme en Occident, on a considéré au fil des siècles que le sperme avait des propriétés magiques. Pline l'Ancien voyait en lui un remède contre les piqûres de scorpion ; mille quatre cents ans plus tard, le médecin et alchimiste Paracelse était convaincu qu'un homme pouvait être créé uniquement à partir de sperme, sans recourir à la femme :

> Laissez la semence d'un homme se putréfier dans une jarre en verre. Enfouissez-la dans du fumier de cheval pendant quarante jours ou autant qu'il en faudra pour qu'elle commence à vivre, à remuer et à s'agiter... Au bout de ce temps, elle deviendra une chose qui ressemblera à un homme, quoique transparent et dépourvu de corps. Mais si elle est ensuite quotidiennement nourrie de sang masculin et conservée quarante semaines durant à une température constante identique à celle du fumier de cheval, elle deviendra alors un vrai nourrisson vivant doté de tous les membres d'un nouveau-né engendré par une femme.

Paracelse demanda qu'à sa mort on coupe et enfouisse son pénis dans du fumier, espérant ainsi ressusciter sous forme d'un jeune homme viril – procédé plus improbable encore que l'alchimie visant à transformer le plomb en or.

Étant donné la vision exaltée qu'avaient alors les hommes du pénis et du sperme, le mépris qui entourait le rôle des femmes dans la conception n'est guère surprenant. Hippocrate, le père grec de la médecine, et Galien croyaient que, comme les hommes, les femmes produisaient du sperme, mais que même si le leur jouait un rôle dans la conception, il était froid, aqueux et négligeable ; en revanche, le sang menstruel était la contribution essentielle de la femme dans la mesure où il nourrissait le fœtus. Selon Galien, il provenait du fait que les femmes n'étaient pas « idéalement chaudes » comme l'étaient les possesseurs de pénis, état d'où résultait un surplus de sang non nécessaire à leurs besoins corporels.

« Sperme » signifie « semence » en grec comme en latin, et le mot définissait à lui seul les rôles respectifs que chacun des sexes était supposé jouer dans la fabrication des bébés. Ainsi que le décrétait un texte hindou datant d'environ 100 avant J.-C., « la femme est considérée de droit comme le champ et l'homme comme le grain ». Aristote comparait l'homme à un menuisier et la femme au bois qu'il travaille. Une femme, disait-il aussi, n'était qu'un « simple incubateur ». « La mère n'est pas la vraie source de la vie, faisait dire Eschyle au dieu Apollon dans *Les Euménides*. Nous l'appelons la mère, mais elle est plus la nourrice : elle est le sillon dans lequel est lancée la graine. C'est celui qui la saillit qui est le vrai parent ; la femme ne fait que protéger la plante qui croît. »

Une question préoccupait les hommes : de quel endroit du corps humain provient le sperme ? Les Sumériens pensaient qu'il s'agissait d'un dérivé des os, les

Égyptiens qu'il émanait, plus précisément, de la colonne vertébrale. Hippocrate enseignait que le sperme parvenait directement du cerveau dans le pénis, affirmation que Galien affina plus tard en précisant qu'il arrivait du cerveau jusqu'au testicule gauche où il était purifié et réchauffé jusqu'au « pic de concoction » avant d'être transmis au testicule droit en attendant d'être utilisé. Ce qui amena Aristote – persuadé que la moelle épinière et le cerveau étant tous deux des substances blanches, le sperme devait quelque chose à l'une comme à l'autre – à conclure que l'enfant mâle émanait du sperme parfait contenu dans le testicule droit tandis que l'enfant femelle émanait du sperme du testicule gauche incomplètement affiné. D'où l'idée que les garçons se développaient, selon lui, du côté droit du corps de la femme et les filles du moins prisé côté gauche. Les Chinois, les Japonais et les Indiens voyaient eux aussi dans le cerveau la source séminale et croyaient même qu'un homme capable de se retenir d'éjaculer au moment paroxystique pouvait inverser le flux de son essence vitale et renvoyer celle-ci en sens inverse en vue d'alimenter sa source (selon la tradition indienne, un ascète accompli souffrant d'une coupure est réputé ne pas libérer du sang mais du sperme). Comme Galien, les Chinois et les Indiens considéraient que le sperme contenu dans les testicules provenait du sang – les Chinois disaient que dix gouttes de sang produisaient une goutte de sperme, les Indiens penchaient, eux, pour quarante.

Ainsi, dans aucune culture on n'envisageait que le sperme puisse être fabriqué dans les testicules.

Si l'opinion selon laquelle toute famille, si l'on ose employer ce terme, était monoparentale a évolué au cours des siècles, le rôle de la femme n'en a pas moins continué d'être considéré comme secondaire. Le XVIe siècle venu, on était convaincu que le sperme de l'homme ne transmettait pas seulement la vie mais aussi les caractéristiques de l'enfant. Dans l'idéal, l'enfant mâle possédait l'identité intégrale de l'homme. Jusqu'à la fin du XVIIIe siècle prévalut l'opinion selon laquelle lorsqu'un homme procréait un gringalet ou une fille, il était probable que le manque de soumission de la femme en ait été la cause ou que l'homme ait été victime d'une déconcentration fatale – ainsi qu'il advint au père de Tristam Shandy alors qu'il était en train d'engendrer son héritier :

> — Dites-moi, mon cher, demanda ma mère, n'auriez-vous point oublié de remonter la pendule ?
>
> — B… Dieu ! s'écria mon père tout en prenant soin de se contenir. Est-il possible que depuis la création du monde une femme ait interrompu un homme en lui posant question aussi idiote ?
>
> (Laurence Sterne,*Vie et opinions de Tristam Shandy, gentilhomme*)

Durant la Renaissance et plus tard encore, la médecine continua de se conformer à la tradition aristotélicienne ; l'un des croquis anatomiques de Léonard de Vinci, pourtant fondés sur des dissections, montrait un canal séminal – qui n'existe pas – allant de la colonne vertébrale aux testicules (la connexion spinale expliquant pourquoi le sperme a longtemps été appelé « moelle »). En 1668, le livre d'anatomie de Nicholas Culpeper conjecturait que le sperme était produit dans les reins, « car les reins chauds suscitent une propension au désir charnel ». D'autres encore pensaient que les ingrédients du sperme provenaient de plusieurs organes différents pour se combiner au moment de l'orgasme – conclusion née de ce que l'orgasme paraissait impliquer le corps tout entier.

Aristote réfutait la théorie des deux semences de Galien ; il pensait que toute vie émanait d'œufs et enseignait qu'un fœtus se développait à partir de sperme mâle coagulé en un œuf à l'intérieur des « testes » de la femme. Ce n'est qu'à la fin du XVIIe siècle que le chirurgien hollandais Regnier de Graaf découvrit que si un œuf était effectivement indispensable à la conception, c'était celui de la femme et non de l'homme. Bien qu'ayant compris que l'œuf en question voyageait des ovaires jusqu'à l'utérus, il se refusa à accepter que la seule biologie féminine puisse en être responsable. Il conclut donc qu'il avait affaire à l'*aura seminalis* – un vieux concept philosophique posant que les « nature, qualité, caractère et essence » d'un futur être humain n'étaient pas corporels mais spirituels, telle une sorte d'agent astral. De Graaf décréta quant à lui que l'*aura seminalis* était, en définitive, corporelle – qu'elle était l'« âcre vapeur » du sperme.

Trois ans plus tard, en 1678, un autre Hollandais, le microscopiste Antonie Van Leeuwenhoek, fut le premier à observer les millions de spermatozoïdes contenus dans un échantillon de sperme (provenant, s'empressa-t-il de préciser, de « l'excès dont la Nature m'a doté dans les relations conjugales et non pas d'une machination pécheresse »). Lui aussi réfuta la théorie de l'ovule pour affirmer qu'un humain minuscule et parfaitement formé

– un « homoncule » – résidait dans chacun des spermatozoïdes. Cela parut tellement évident aux hommes de science que l'on constata bien vite la présence d'autres homoncules, et les théologiens de se demander si le « fluide fécondateur » d'Adam n'aurait pas contenu des petits humains à l'intérieur de petits humains – comme des poupées russes.

Il devait s'écouler encore deux cents ans avant que soit compris le mécanisme élémentaire de la conception humaine – un ovule rencontre un seul et unique spermatozoïde et chacun d'eux contribue pour moitié à la formation du fœtus. C'en fut dès lors fini de l'idée antique selon laquelle la conception découlerait de l'orgasme féminin et dépendrait de la production de chaleur. Les Grecs croyaient en effet que l'homme, doté de la température idéale, avivait par la seule vigueur de son rapport sexuel (le « frottement des pierres ») cette chaleur et faisait « écumer l'humeur spermatique », tandis que la femme, en créature froide qu'elle était, avait besoin des attentions d'un homme pour la « chauffer ». Toutes les cultures adoptèrent cette croyance (les Saxons appelaient même le pénis le « membre combustible ») et conçurent mille et une manières pour l'homme de générer cette combustion féminine. « Empoignez ses parties secrètes et ses mamelles afin qu'elle puisse prendre feu et soit embrasée de luxure, car à la longue son bas-ventre ondulera et s'agitera sous l'empire d'un fervent désir », écrivait John Sadler en 1636.

Partisans de la connexion chaleur-orgasme, les Chinois l'étaient en plus de l'orgasme féminin, pour le propre plaisir de la femme mais plus spécifiquement pour le bien-être de l'homme : l'orgasme de la femme garantissait que son yin atteignait sa puissance maximale et renforçait de ce fait le yang de l'homme. « Plus nombreuses seront les femmes avec lesquelles un homme aura des rapports sexuels, plus grand sera le bénéfice qu'il tirera de ses actes », conseillait *La Voie de la nature*, une philosophie qui domina la pensée chinoise pendant plus de deux mille ans.

PHALLUSIE RELIGIEUSE

Au plus fort de la domination coloniale britannique en Inde, les épouses des missionnaires victoriens, des commerçants et des militaires furent scandalisées de voir que chaque jour un prêtre de Shiva sortait nu d'un temple et allait par les rues en faisant tinter une clochette – le signal avertissant toutes les femmes que l'heure était venue de sortir de chez elles pour venir embrasser les saintes parties génitales.

Si l'occidentalisation a érodé le culte du *lingam*, l'Inde reste la seule région du monde où l'adoration du pénis, ses rituels et ses récits légendaires se sont perpétués sans interruption depuis la préhistoire. Aux confins tantriques les plus mystiques de l'hindouisme et du bouddhisme, à l'est de l'Inde et dans le Pacifique sud, on dit que les dévots se considèrent encore comme de simples « porteurs de phallus », chacun d'eux n'étant que le serviteur de son organe sexuel qu'il considère comme une entité vivante distincte de lui et même une divinité de plein droit. Les adorateurs de Shiva ne recherchent pas tant une compétence hydraulique particulière qu'une union exaltante avec la fécondité universelle.

En tant que religion, le phallusisme ne manquerait pas de paraître de nos jours soit gênant, soit ridicule aux yeux de la plupart d'entre nous. Mais selon Alain Daniélou, premier traducteur du *Kama Sutra* depuis Sir Richard Burton à l'époque victorienne et orientaliste émérite, « il n'y a probablement aucune religion dans laquelle n'existe pas encore un substrat du culte phallique ». Y compris le christianisme. Les épouses des colonisateurs victoriens auraient eu des vapeurs si on leur avait appris que la croix, emblème entre tous de la foi chrétienne, est en réalité une représentation stylisée des organes génitaux mâles, la partie verticale reproduisant le pénis et les parties latérales les testicules – un symbole païen vieux de plusieurs milliers d'années. Le pénis et les testicules sont également à l'origine de la Trinité chrétienne, parodiée par Henry Miller dans *Printemps noir* : « Devant moi toujours l'image du corps, notre dieu trinitaire de pénis et de testicules. À la droite, Dieu le Père, à la gauche et accroché un peu plus bas, Dieu le Fils, et entre eux et au-dessus d'eux le Saint-Esprit. »

L'Antiquité était convaincue qu'un homme se devait d'être « complet dans toutes ses parties » pour accéder à l'après-vie et voyait d'un mauvais œil le fait qu'une femme puisse endommager sa quintessence. L'Assyrie avait même édicté une loi à ce sujet :

> Si une femme a écrasé les testicules d'un homme au cours d'une altercation, un de ses doigts sera alors coupé ; et si alors même qu'un médecin l'a protégé le second

testicule est affecté et souffre d'inflammation, ou si elle a écrasé le deuxième testicule pendant l'altercation, ses deux seins seront arrachés.

Le judaïsme avait des vues similaires sur la chose. Le Deutéronome avertit que si deux hommes se querellent « et que l'épouse de l'un d'entre eux s'approche pour arracher son époux des mains de celui qui le frappe et tend la main pour agripper le second par ses parties secrètes : Alors sa main sera tranchée et tes yeux n'auront pas pitié d'elle ». Si le christianisme n'a pas suivi cette prescription à la lettre, il a néanmoins interprété à sa manière le Deutéronome en prévenant de façon cruelle que « celui qui est blessé aux testicules ou a vu son membre intime sectionné n'entrera pas dans l'assemblée du Seigneur ».

En vérité, les parties génitales mâles étaient considérées comme si précieuses que le Moyen Âge croyait qu'un nouveau pontife avait l'obligation de s'asseoir sur un siège spécialement construit à cet effet, une *sedia stercoraria* pourvue d'un orifice à travers lequel un cardinal passait la main afin de s'assurer que Sa Sainteté était qualifiée pour l'emploi avant de solennellement annoncer : *Testiculos habet et bene pendentes*, « Il a des testicules et ils pendent comme il convient ». La légende semble trop belle pour ne pas être vraie. Et un tel siège a effectivement été utilisé jadis, mais il s'agissait à l'origine soit d'une chaise percée romaine, soit d'un tabouret d'accouchement préexistant au christianisme. Le reste relève de la mythologie pontificale et découle d'une fiction : aux environs de 850, la papesse Jeanne, une Anglaise, se serait travestie en homme pour entrer dans les ordres puis s'élever jusqu'au plus haut rang de l'Église.

Au Moyen Âge on affirmait que c'était en conséquence de sa duplicité et afin de s'assurer qu'aucun non-possesseur de pénis ne puisse récidiver que l'épreuve du siège avait été instaurée – à défaut d'être un cas d'adoration du phallus, c'était à tout le moins une évidente consécration de sa suprématie.

Les premiers chrétiens mirent longtemps à renoncer à la vénération du phallus ; de fait, leurs croyances phalliques et monothéistes coexistèrent sans le moindre problème jusqu'au Ve siècle : des phallus étaient exhibés lors de processions religieuses et continuaient d'être gravés sur les églises ; la cire des cierges symbolisant le sperme était versée sur les fonts lors des baptêmes. Au fil du temps, l'Église intégra et vida de sa substance le phallusisme, et s'employa à l'éradiquer, mais avec un succès tout relatif : au début du VIIIe siècle, le théologien et historien Bède le Vénérable écrivait que Redwald, le plus fameux roi d'Est-Anglie, possédait deux autels, « l'un pour le Christ et l'autre pour les démons ». L'Église promulgua nombre d'édits contre les pratiques phalliques et imposa des pénitences de plus en plus sévères sans réussir à modifier les usages de la majorité de ses fidèles comme, d'ailleurs, de bon nombre des membres du clergé. Au XIIIe siècle, le curé de l'église écossaise d'Inverkeithing fut traîné devant son évêque pour avoir mené à Pâques une danse de la fertilité autour d'une représentation phallique dans le cimetière de l'église ; au XIVe siècle, l'évêque de Coventry fut accusé devant le pape d'« hommage au diable ».

Après la Seconde Guerre mondiale, on confia à Geoffrey Webb, ancien professeur d'art à Cambridge et à l'époque secrétaire de la Commission royale des monuments, la tâche de procéder à l'inspection les églises anglaises endommagées par les bombardements. Dans l'une d'elles, une explosion avait soulevé l'autel et mis au jour un pénis gravé vieux de huit ou neuf cents ans. Après avoir inspecté de nombreuses autres églises, Webb découvrit des pénis gravés dans 90 % de celles datant de l'époque où la Peste noire avait ravagé l'Europe, soit au milieu du XIVe siècle.

Pieusement chrétienne ou non, l'Europe médiévale continuait de croire au pénis en tant que talisman et police d'assurance contre le mauvais sort. Les prêtres dirigeaient leurs paroissiens souffrant d'un problème d'ordre sexuel (femmes stériles, hommes impuissants, porteurs d'une maladie vénérienne) vers la pierre phallique locale, persuadés de toute évidence que le fait de la toucher les mettrait en relation avec une autorité supérieure à celle qu'ils pouvaient invoquer. Comme à Rome et Athènes, les gens portaient dans toute l'Europe des amulettes phalliques et les femmes cuisinaient des gâteaux phalliques. Et durant les semis de printemps et les moissons d'été, ils prenaient part à des fêtes de la fertilité comme bien des siècles plus tôt, à Rome, lors des Saturnales (agapes notoirement débridées). Au cours de ces festivités où les jeux à connotation sexuelle tenaient lieu de défoulement cathartique et où les couples s'enfonçaient dans les bois pour faire le « dos vert », comme dit Shakespeare, les hommes arpentaient les rues en arborant des phallus en bois, en aiguillonnaient les femmes qui passaient près d'eux ou entraient dans les maisons pour les en titiller (si l'on en croit certains historiens, cette coutume alla à une époque beaucoup plus loin et était favorablement accueillie).

Et puis il y avait cette extraordinaire cérémonie connue sous le nom de « fête des Fous » et célébrée au mois de décembre, qui ridiculisait l'Église et bien souvent « sombrait dans la luxure et la prostitution » lorsque les membres du clergé et certains de leurs paroissiens se débarrassaient de leurs vêtements. Selon l'érudit et bibliophile français Jean-Baptiste du Tillot, les évêques impuissants à mettre fin à ces activités durent se résoudre à tenter de les réfréner. D'où un édit promulgué à Sens en 1444 ordonnant que « ceux qui désirent copuler sortent de l'église avant de le faire ».

Le conflit entre christianisme et phallusisme se poursuivit. Pragmatique, l'Église s'accapara les gâteaux phalliques de Pâques en demandant qu'ils soient ornés d'une croix (aux origines phalliques depuis longtemps oubliées), d'où les brioches du Vendredi saint (en anglais, *hot cross buns*). Les jours de fête païens furent convertis en jours des saints et la fête des Fous devint celle de la Circoncision. Le christianisme combattit même le pénis par le pénis ou, plus précisément, le prépuce, en affirmant avoir retrouvé celui de l'Enfant Jésus, prélevé lors de sa circoncision – la seule partie de son corps qui n'avait pu monter avec lui au paradis.

Les premières mentions du prépuce sacré datent de l'an 800, quand il fut présenté lors du couronnement impérial de Charlemagne par le pape Léon III. S'ensuivit une rivalité sans précédent au sujet de la possession de la sainte relique. Jusqu'à dix-huit villes européennes affirmèrent la détenir. La plus célèbre fut envoyée en 1100 à Anvers par le roi Baudouin Ier de Jérusalem, qui l'avait acquise durant la première croisade. Une autre, qui se trouvait dans l'abbaye de Chartres, fut empruntée par Henri V d'Azincourt pour adoucir les souffrances de son épouse Catherine, alors sur le point d'accoucher. Quand il lui fut demandé au XIIIe siècle de désigner l'article d'origine, le pape Innocent III refusa de se prononcer, arguant que seul Dieu le savait. Quel qu'ait pu être le nombre de prépuces sacrés revendiqués, tous sauf un furent détruits ou perdus durant la Réforme anglaise et la Révolution française. Le seul rescapé fut promené dans un reliquaire à travers les rues du village italien de Calcata, au nord de Rome, lors de la fête de la Circoncision (alors même que celle-ci avait été officiellement supprimée du calendrier de l'Église en 1954) jusqu'en 1983. Cette année-là, il fut apparemment volé au presbytère de la paroisse. On prétend que ce vol fut en réalité un expédient trouvé par le Vatican soi-même pour mettre fin à cette pratique que même une menace d'excommunication datant de 1900 avait échoué à faire disparaître.

Tout au long du Moyen Âge, le pénis de l'Enfant Jésus fut représenté par des centaines d'artistes – mais toujours non circoncis, comme si le Fils de Dieu ne pouvait en aucun cas être envisagé autrement que dans le respect de son intégrité physique. L'Église interdisait alors la représentation des parties génitales du Christ adulte (d'où l'improbable pagne qu'il arbore sur la croix), toutefois durant la Renaissance elle estima théologiquement recevable que des peintres hollandais ou allemands montrent le Christ souffrant ou crucifié en état d'érection. Lors de la dernière période au cours de laquelle le pénis exerça en Occident ses pleins pouvoirs, l'érection du Christ proposa une image double : celle de la virilité de Dieu en tant que source de vie et celle de l'humanité de son Fils en tant qu'homme.

Que le phallusisme ait été encore bien vivant – et prospère – il y a quelque deux cents ans seulement fut attesté en 1786 par Sir William Hamilton, le légat britannique en poste dans le sud de l'Italie : avant de confier les preuves de sa découverte au British Museum, il écrivit au président de la Royal Society que dans la commune d'Isernia, près de Naples, il avait vu des paysans adorer le « gros orteil de saint Côme ». Sir William avait découvert que lors d'une fête de trois jours organisée au mois de septembre, les reliques de deux saints phalliques (Côme, donc, ainsi que Damien) étaient conduites en procession depuis la cathédrale jusqu'à une vieille église isolée où se rassemblait « un prodigieux concours de gens » porteurs de pénis en cire achetés à des vendeurs ambulants, dont « certains atteignant la longueur d'une palme ». Dans le narthex de l'église, les porteurs – pour la plupart des femmes, remarqua Sir William – embrassaient leur offrande votive avant de la tendre, accompagnée d'une pièce de monnaie, à un prêtre assis à une petite table. *Santo Cosmo benedetto, così lo voglio*, « Béni saint Côme, c'est ainsi que je le veux », murmuraient-ils ce faisant – une prière qui peut s'interpréter de bien des manières. Devant l'autel, hommes et femmes découvraient telle ou telle malformation dont leur corps était affligé, « sans même excepter celle représentée sur les ex-voto », afin de la faire oindre par le prêtre d'« huile de saint Côme ». Celle-ci était réputée très efficace, particulièrement « quand les reins et les parties adjacentes en sont enduits ». Au cours de la fête de Côme, l'église écoulait ainsi mille quatre cents flacons d'huile.

Un conflit de symboles

Les flèches, les minarets et les dômes qui s'élèvent au-dessus des lieux de culte sont-ils des symboles phalliques ? Si l'on considère qu'à l'époque où les premiers d'entre eux furent érigés la religion ne s'était pas encore libérée de l'adoration phallique, c'était, comme l'affirment la plupart des spécialistes, presque assurément le cas. Comme la croix et la brioche de Pâques, ainsi que d'innombrables artefacts religieux censés avoir une origine phallique, les flèches péniennes, les minarets et les dômes testiculaires ont depuis longtemps perdu leur signification première. Mais nier que cette signification fut jadis réelle reviendrait, comme l'écrivit J. B. Hannay en 1922 dans *Sex Symbolism in Religion*, à parler de *Hamlet* sans évoquer le prince.

Le symbolisme phallique est aussi ancien que l'adoration du phallus, et presque tout ce qui ressemble aux parties génitales mâles dans le règne animal ou végétal s'est vu attribuer une signification phallique à un moment ou l'autre de l'Histoire – le métaphorique n'est jamais loin. La littérature regorge littéralement de ce symbolisme. Dans la mythologie grecque, l'éclair de Zeus, le trident de Poséidon et le caducée d'Hermès, sans parler de l'« énorme massue » d'Hercule, tous les attributs de ces superhéros du monde antique étaient des symboles de la puissance et du pouvoir du pénis – de même que les marteaux des Scandinaves, les dorjes tibétains, les sabres chaldéens, les dragons chinois, la baguette des sorciers ou des magiciens et le sceptre des monarques (renforcé par l'orbe « témoin » surmonté d'une croix en guise de confirmation supplémentaire).

Bon nombre de symboles phalliques correspondent à une époque donnée. Dans la préhistoire, le soleil couchant était considéré comme l'extrémité du pénis plongeant dans la terre femelle et la pluie qui humidifiait et fertilisait la terre femelle comme une sorte de semence céleste – une notion que l'on retrouve dans de nombreuses littératures très anciennes. À l'époque où les rayons de la lune étaient vus comme phalliques, les femmes ne dormaient pas sous leur lumière par crainte d'être engrossées. Avant que les serrures de porte deviennent chose commune, les bourgeoises portaient des « clés de châtelaine » attachées par une chaîne à leur ceinture – symbole de l'autorité par procuration du possesseur de pénis – afin de soulever le loquet des portes, alors qu'un seul doigt aurait tout aussi bien fait l'affaire.

Le temps a édulcoré la majorité des symboles phalliques, y compris les mâts de mai villageois. Emblèmes de la vénération de la fertilité durant la préhistoire et encore symboles copulatoires au Moyen Âge, les mâts de mai furent brûlés par les protestants évangélistes lors de la Réforme et bannis sous Cromwell qui les qualifiait de « futilité païenne généralement instrument de superstition et de malignité » ; quoique réhabilités à la Restauration, ils perdirent ce qu'il leur restait de signification sexuelle au point que le XIXe siècle venu (qui leur ajouta des rubans sous lesquels des couples de danseurs s'enlaçaient), on les considéra à tort comme une survivance innocente d'une Merrie England (Joyeuse Angleterre) qui n'avait jamais existé.

Au XIXe siècle, le symbolisme phallique avait donc été largement évacué de la conscience collective. Mais la psychanalyse se chargea de le faire revenir en force en le décrétant programmé dans le subconscient. Dans son *Interprétation des rêves*, Freud énuméra un grand nombre de symboles phalliques que l'on retrouve à travers l'Histoire et ajouta à la liste les cravates « qui pendent et ne sont pas portées par les femmes » et « les ballons, les machines volantes et plus récemment les dirigeables Zeppelin » parce que tous partagent cette « remarquable caractéristique de l'organe mâle… la capacité à s'élever au mépris des lois de la gravitation ».

Au moment de l'explosion de la musique rock, dans les années 1960, l'anthropologue Desmond Morris fit de la guitare électrique un nouveau symbole phallique. Il soulignait dans *Le Zoo humain* qu'avec ses formes arrondies et sa taille fine, la guitare acoustique traditionnelle était pour l'essentiel féminine ; la guitare électrique, en revanche, avait subi un changement de sexe :

> Le corps (désormais ses testicules symboliques) est devenu plus petit, sa taille est moins évasée et elle est plus brillamment colorée, rendant ainsi possible l'allongement du manche (son nouveau pénis symbolique). Les instrumentistes eux-mêmes n'ont pas peu contribué à cette mue en portant leurs guitares de plus en plus bas jusqu'à les centrer aujourd'hui dans la région génitale.

Alors que la guitare acoustique est généralement caressée à hauteur de poitrine, la guitare électrique, manipulée selon un angle érectile, est répétitivement frappée avec violence d'une manière que l'on pourrait qualifier de « masturbatoire ».

Ce qui est phallique ne l'est parfois que pour les seuls yeux du spectateur. Pour se motiver pendant qu'il se masturbait, Salvador Dalí avait l'habitude de superposer mentalement trois beffrois d'églises qui avaient une signification dans sa vie ; après qu'Aubrey Beardsley se fut fait arracher une dent, il la dessina et écrivit dans son journal : « Même mes dents sont un peu phalliques » (le poète américain Walt Whitman décrivait d'ailleurs lui aussi le pénis comme une « dent »). Les objets les plus innocents revêtaient souvent une apparence phallique pour le comte de Rochester lorsqu'il était ivre. Alors qu'il errait dans Whitehall Garden en compagnie du roi et de quelques autres après une nuit de beuverie, il aperçut la plus chère des possessions de Sa Majesté, un cadran solaire unique en Europe fait de sphères de verre, hurla : « Tu te dresses là pour baiser le temps ? » et le réduisit en miettes avec son épée.

La psychiatrie moderne s'est majoritairement détournée du symbolisme phallique, le décrétant par trop subjectif, et c'est sans doute le cas. Mais pour la plupart des gens, le terme « phallique » est associé, à un niveau élémentaire, à tout ce qui est rigide et dressé, que ce soit une hampe de drapeau ou un lampadaire, une tour ou un gratte-ciel ; lorsqu'elle voit pour la première fois une érection, l'héroïne du roman d'Amanda Craig *Corps étrangers* dit sur un ton dubitatif : « C'est là, je suppose, la base d'un grand travail d'architecture. » Et le symbolisme phallique reste le terrain de prédilection des grands écrivains, ainsi, bien entendu, que des réalisateurs de cinéma : tumescence (trains entrant dans un tunnel, fusées en partance, feux d'artifice escaladant le ciel, crêtes de vagues se ruant vers la terre), éjaculation (éruptions volcaniques, champagne jaillissant du goulot, feux d'artifice explosant dans le ciel, vagues s'écrasant sur les rochers ou sur le rivage) et détumescence (ballons se dégonflant, fracas de bûches s'effondrant dans l'âtre d'une cheminée, retombée de feux d'artifice, vagues refluant). Les archéologues et les anthropologues sont tout naturellement les plus fervents des symbolistes phalliques. Ainsi que l'admit l'anthropologue Richard Rudgley il y a quelques années au cours d'une émission de télévision qui essayait de percer les secrets de l'âge de pierre à travers l'examen des ruines d'un temple maltais vieux de trois mille cinq cents ans : « C'est une déformation professionnelle, nous avons tendance à voir des quéquettes un peu partout. »

Le symbole phallique le plus avéré de l'époque moderne est sans nul doute le cigare. Freud, lui-même fumeur invétéré qui refusa d'arrêter en dépit d'un cancer de la bouche (oui, accordait-il affablement à ses amis, fumer le cigare s'apparentait à la fellation homosexuelle), en avait tellement assez d'entendre les termes « phallique » et « cigare » accolés l'un à l'autre qu'il soupirait : « Il peut arriver qu'un cigare ne soit qu'un cigare. » Mais ainsi que l'a démontré la passade entre Bill Clinton et Monica Lewinsky, il peut aussi arriver qu'un cigare ne soit pas que cela.

SORS-LA !

Étant donné l'admiration que la Grèce antique vouait au pénis, il n'est pas étonnant que les hommes se soient entraînés nus dans les gymnases (le mot *gymnos* signifie « nu ») et aient également participé dans le plus simple appareil aux compétitions athlétiques. Au ve siècle avant J.-C., à l'apogée de la culture attique, les étrangers s'étonnaient de voir les jeunes mâles athéniens exhiber leurs parties génitales même dans la vie de tous les jours. Si leurs aînés portaient une tunique (*chiton*) sous des capes d'hiver et d'été, tel n'était pas le cas des plus jeunes et la légère cape d'été (*chlamys*) qui ne leur descendait que jusqu'aux cuisses avait maintes fois l'occasion d'être soulevée au cours de leurs activités quotidiennes (sans que le vent y soit pour quelque chose). Les Athéniens estimant inconvenant que le gland du pénis soit vu en public, les jeunes gens étiraient leur prépuce par-dessus et l'attachaient avec une lanière ou le maintenaient fermé à l'aide d'une broche.

Partout on pouvait observer des petits garçons heureux d'ôter leurs vêtements pour exhiber leur petit bourgeon de chair. Et pourquoi pas, demande le sociologue Alex Comfort, « puisque, après tout, le pénis est une de nos plus belles possessions ».

Si les hommes éprouvent un désir inné d'imiter les petits garçons, les conventions sociales sont là pour garantir qu'ils ne le fassent pas, tout comme elles garantissent qu'ils réfrènent la tactilité qui caractérisait leurs jeunes années (les footballeurs professionnels étant l'exception qui confirme la règle). Pourtant, quand ils sont ivres, certains possesseurs de pénis éprouvent une compulsion quasi irrésistible. La liste est longue, et elle ne cesse de s'allonger. En 1581, John Harris, de Layer Breton, dans l'Essex, fut traîné en justice pour « s'être comporté de façon très indécente en exhibant ses parties intimes » ; en 1590, Henry Abbot, d'Earls Colne, dans l'Essex, fut lui aussi présenté devant les magistrats pour avoir baissé son pantalon « et avoir prétendu dans son ivresse que son membre intime ou pénis était plus long de dix centimètres que celui d'un certain Clerke qui était présent ». Au cours du siècle suivant, Samuel Pepys relata le procès pour débauche de Sir Charles Dudley, après que celui-ci se fut montré nu et ivre en plein jour au balcon d'un bordel :

> En prenant toutes les poses de luxure et de sodomie imaginables… en disant qu'il vendait une poudre capable de faire lui courir après tous les cons de la ville. Cela fait, il avait pris un verre de vin et lavé sa verge dedans avant de le boire : puis s'en était servi un autre et l'avait bu à la santé du roi.

Plus près de nous, l'acteur Oliver Reed, en état d'ébriété permanent et qui présentait sa « baguette de luxure » (dont il reconnaissait dans ses moments de sobriété qu'elle n'avait rien que d'ordinaire) dans les bars, les avions et les soirées ainsi qu'à la télévision ou sur les plateaux, la sortit un jour devant une journaliste qui l'interviewait. En réponse au « C'est tout ? » de celle-ci, il répondit : « Madame, si je l'avais sortie tout entière, elle aurait fait tomber votre chapeau. » Une autre fois, alors qu'il s'exhibait dans un bar antillais, les autochtones prirent le tatouage de serres d'aigle qui ornait son pénis pour un symbole vaudou et il dut prendre la fuite.

Les hommes dotés d'un pénis d'une taille considérable n'ont pas besoin de noyer leurs inhibitions dans l'alcool pour le faire savoir ou pour en apporter la preuve en baissant leur pantalon. Débarquant pour la première fois à Londres depuis Édimbourg en 1762 et « très en manque de femmes », James Boswell ramassa une fille sur le Strand et l'emmena dans une arrière-cour obscure avec l'intention de la régaler « en armure » (il craignait la vérole), mais ni lui ni la fille ne disposant de préservatif, ils se contentèrent de s'amuser un peu et Boswell nota dans son journal : « Elle s'émerveilla de mes dimensions et dit que si jamais je prenais la virginité d'une fille je la ferais glapir. » Le prince Grigori Aleksandrovitch Potemkine, célèbre amant de l'impératrice Catherine, avait coutume de parader dans le Jardin d'hiver, nu sous sa chemise de nuit turque déboutonnée, pour démontrer que sa réputation n'était en rien usurpée. Un jour qu'on l'accusait dans un restaurant moscovite bondé de se faire passer pour un autre, le saint homme priapique Raspoutine répondit : « Je vais vous prouver qui je suis » et joignit le geste à la parole – encore un que sa réputation précédait.

Le peintre et sculpteur Eric Gill, auteur comme Boswell d'un journal intime, rapporta ce commentaire à son propos : « Elle était trop grosse et lui faisait mal. » Gill portait généralement une blouse de maçon sans sous-vêtements et avait coutume, lorsqu'il faisait visiter sa commune, d'uriner en public et d'exhiber ainsi le « robinet d'eau capable de se transformer en pilier de feu ». Une entrée concerne sa secrétaire Elizabeth Bill : « Parlé à Eliz B. de taille et forme de pénis. Elle a mesuré le mien avec une règle graduée en pieds – au repos et en l'air. » Gill était si fier de son équipement qu'il le dessinait constamment, en réalisa une gravure et utilisa ses proportions pour des gravures sur bois d'un christ dont il disait qu'en tant qu'homme « il se devait d'avoir les parties génitales appropriées ». Des « parties génitales appropriées », c'est ce que Gill attribua au lutin shakespearien Ariel qu'il grava dans la pierre (accompagnant le magicien Prospero) au-dessus de l'entrée des studios de la BBC. Assemblés pour découvrir l'œuvre, les dirigeants de la chaîne furent abasourdis quand Gill ôta la bâche derrière laquelle il travaillait et ordonnèrent au sculpteur de remonter sur son échelle pour écourter un peu la chose.

Si l'on en croit l'autobiographie de la sirène d'Hollywood Esther Williams, son éphémère amant Johnny « Tarzan » Weissmuller était si puérilement ravi d'être bien monté qu'il ne perdait aucune occasion d'exhiber ses parties sur le plateau comme en dehors. Tout comme le héros de films de cape et d'épée Errol Flynn, dont le pénis était si volumineux que son grand numéro dans les soirées consistait à jouer du piano avec. Et, selon son biographe James H. Jones, Alfred Kinsey lui-même était un autre de ces « exhibitionnistes compulsifs » :

> Il laissait rarement passer une occasion d'exhiber ses parties génitales et d'exposer ses techniques masturbatoires aux membres de son équipe. L'un de ceux-ci… raconta à un journaliste que Kinsey « avait de très grosses parties génitales, pénis comme testicules ». L'homme ajouta : « Plusieurs des membres de l'équipe disaient que c'était peut-être bien là la raison pour laquelle il dégainait sans cesse son foutu truc sous prétexte de nous montrer l'urètre ou la couronne du gland. »

Si Kinsey avait au moins une excuse quasi scientifique, le président américain Lyndon Johnson n'en avait d'autre que sa fierté à l'endroit de son pénis. Il adorait gérer les affaires du pays tout en prenant sa douche (son équipe de la Maison Blanche s'entassait dans la salle de bains) d'où il émergeait souvent en tripotant le considérable appendice présidentiel tout en disant : « Je me demande qui on va baiser cette nuit. Il faut que je fasse faire un peu d'exercice à Ol' Jumbo » (Robert A. Caro, *The Years of Lyndon Johnson*). Un jour qu'il se sentait offensé lors d'une conférence de presse au cours de laquelle on le harcelait sur les raisons de poursuivre la guerre au Vietnam, Johnson sortit sa « quéquette » (un de ses mots préférés) en répondant : « Voilà pourquoi », sans doute parce qu'il pensait que son engin s'exprimait de façon plus éloquente que lui-même. Si les hommes raisonnent partiellement avec leur pénis, il va sans dire que leur pénis leur parle, comme en témoigne Wicked Willie (Méchant Zizi), le personnage de BD inventé par Gray Jolliffe dont les exploits se sont vendus à plus de cinq millions d'exemplaires – où l'on voit que l'impossibilité biologique de la chose n'a strictement aucune importance.

Ewan McGregor se montra à peine moins éloquent que le pénis présidentiel le jour où il fut interviewé à propos de son rôle de rocker dans le film *Velvet Goldmine*. Son rôle exigeait qu'il montre ses fesses au public ; pour faire bonne mesure, il exhiba pendant le tournage les deux faces de son anatomie. Quand on lui demanda ce qui avait bien pu le pousser à parader de cette façon, McGregor répondit :

> Je ne me balade pas partout en me disant : « Hé, j'ai une énorme bite, montre-moi la tienne pour qu'on les compare. » Mais en même temps, quand les gens me demandent si je serais tout aussi partant pour montrer mon zob s'il était petit, je me dis toujours : « Bordel de merde, comment je suis censé le savoir ? »

Peu de temps après, il figura sur la couverture de *Vanity Fair* en kilt et serrant contre lui un coq – le typique *cock of the north*[1].

1. Littéralement « pinson du Nord », mais en argot *cock* veut aussi dire « bite ». *(N.d.T)*.

Accessoiriser – ou allonger ?

Dans certaines régions d'Amérique du Sud, d'Afrique et à travers tout le monde océanien, des hommes par ailleurs entièrement nus portent des étuis péniens (« phallocarpes », en jargon anthropologique). Si dans certaines sociétés ce ne sont que des capsules qui protègent le gland, dans d'autres ils recouvrent non seulement la verge mais peuvent atteindre une longueur de soixante-dix centimètres et sont maintenus dressés par une cordelette nouée autour de la taille ou même de la poitrine. Les étuis péniens sont généralement faits de bambous ou de calebasses spécialement cultivées à cet effet (même si, depuis peu, les vieux tubes de dentifrice et les cannettes de Coca-Cola ont élargi la palette) et sont souvent d'un rouge ou d'un jaune vifs. Certaines sociétés possèdent des étuis pour le quotidien, d'autres pour les festivités et d'autres encore pour faire la guerre – sans compter les étuis pour les touristes. La plupart des hommes en possèdent toute une panoplie avec des tailles, des décorations (défenses de sanglier, dents ou griffes d'animaux, plumes) et des angles d'érection différents, et les portent en fonction de leur humeur.

Les étuis péniens reflètent le statut social d'un homme, avertissent ses ennemis, accroissent les pouvoirs magiques de son pénis et, la chance aidant, attirent les femmes à lui.

Ainsi, quand dans les années 1970 le gouvernement indonésien voulut, au nom de la décence publique, interdire aux hommes des hautes terres de Nouvelle-Guinée-Papouasie de porter leurs étuis péniens, il se heurta à une féroce opposition au final couronnée de succès. Les hommes de la tribu dani avaient une autre raison d'être furieux : ils estimaient que leurs étuis péniens étaient « pudiques ». Réflexion qui, quand elle les vit pour la première fois dans les années 1990, amena Marie, l'épouse de l'anthropologue Jared Diamond, à qualifier la chose de « plus impudique démonstration de pudeur que j'aie jamais vue ! »

Le psychologue John Carl Flugel de l'University College de Londres considérait le port ou non de vêtements comme une lutte sans merci entre les « irréconciliables émotions que sont la pudeur et le désir d'attirer l'attention ». Examinons dans quelle mesure cette affirmation s'applique à la brague[1], qui fut jadis l'équivalent occidental de l'étui pénien. Pendant plus de cent ans, à la charnière du Moyen Âge et de la Renaissance, la brague fut le flamboyant centre d'attention de la vêture mâle sans que la pudeur ait un rôle quelconque à jouer. Pourtant, la brague était beaucoup plus pudique que ce qui l'avait précédée.

Le milieu du XIVe siècle constitua un tournant en matière d'habillement ; le tout nouveau et si utile bouton, permettant désormais aux vêtements des deux sexes de se porter plus près du corps, y était pour beaucoup. Le tour de taille des pourpoints masculins descendit sur les hanches afin de faire paraître le corps plus élancé, tandis que leur ourlet remontait, lui, jusqu'aux cuisses pour faire paraître les jambes plus longues. Et c'est là que le bât blessait : les chausses en laine des hommes consistaient en deux jambes séparées, à l'instar d'une

1. Ancêtre de la braguette moderne. *(N.d.T)*.

paire de bas, mais attachées à une ceinture au niveau de la taille ou bien, en accord avec la nouvelle mode, à des œillets de laçage placés sur l'ourlet du pourpoint tout en laissant un espace entre les jambes à hauteur de l'entre-jambe. Aussi longtemps que les pourpoints étaient restés bouffants à partir des genoux, les braies (l'équivalent médiéval des caleçons) des hommes avaient pu rester elles aussi volumineuses. Mais elles se voyaient désormais réduites afin de ne pas altérer la forme nouvelle, plus près du corps, du vêtement. Et lorsqu'un homme s'asseyait ou montait à cheval, ses braies apparaissaient à travers l'ouverture, l'indispensable fente destinée à la miction permettant parfois d'apercevoir – ou plus encore – leur contenu.

La plupart des hommes se préoccupaient sans nul doute de cette ouverture pour des raisons de bienséance, et la solution dictée par le bon sens consistait à fermer l'entrejambe en le cousant. Mais dans ce cas, ainsi qu'en attestent des tableaux de l'époque, les jeunes mâles se dispensaient de porter leurs braies afin que leurs chausses soulignent et mettent en valeur toute la splendeur de leurs parties génitales. Chaucer évoqua ainsi le résultat dans « The Parson's Tale » (retranscrit ici en langage moderne) :

> Hélas ! Certains d'entre eux montrent la bosse de leur pénis et ces horribles testicules mis en avant qui ressemblent à une hernie dans l'enveloppe de leurs chausses, et le postérieur de ces personnes ressemble à celui d'une femelle singe les nuits de pleine lune. De plus, les fiers quoique exécrables membres qu'ils exhibent en adoptant cette incroyable mode qui veut que l'une des jambes de

leurs chausses soit blanche et l'autre rouge donnent l'impression que la moitié de leurs parties intimes a été écorchée vive. Et s'il arrive qu'ils partagent les chausses en d'autres couleurs comme le noir et le blanc ou le bleu et le blanc ou le noir et le rouge et ainsi de suite, alors on dirait, à cause de la variation des couleurs, que la moitié de leurs parties intimes est corrompue par le feu de saint Antoine, par la gangrène ou par quelque autre infortune.

La laine en tension ayant un certain degré de transparence qui s'accroît notablement quand elle s'use et que ses mailles se distendent, on peut imaginer que certains pénis ressemblaient à des braqueurs de banque portant un bas sur la tête. Quoi qu'il en soit, les jeunes gens étaient si contents d'eux qu'ils se promenaient désormais en bras de chemise sans plus se soucier de revêtir leur pourpoint et en accrochant leurs bourses (de pièces) sur le devant plutôt que sur le côté, tandis qu'à proximité leur dague se balançait de façon suggestive – comme un faux pénis orientant le regard du quidam vers l'article d'origine.

Bien entendu, les hommes portaient déjà de pseudo-pénis aux pieds. On pourrait penser que la corrélation erronée entre la taille des pieds et celle du pénis est récente, mais tel n'est pas le cas : il s'agit d'une croyance populaire qui remonte au moins au Moyen Âge. Et quand les chaussures appelées « poulaines » (elles venaient de Pologne), pourvues d'extrémités pointues qui pouvaient mesurer jusqu'à quinze centimètres, connurent la gloire à travers toute l'Europe, elles offrirent aux hommes une opportunité à laquelle ils ne purent résister : ils en bourraient les pointes avec de la mousse ou de la laine pour en accroître la longueur (parfois jusqu'à soixante-quinze centimètres), les maintenaient en position verticale à l'aide de fils de soie ou de chaînes en argent reliés à leurs genoux et se postaient au coin des rues pour les agiter devant les passantes – les plus audacieux peignaient leurs poulaines couleur chair, au cas où l'on n'aurait pas fait le rapprochement.

L'Église cria au péché et proclama que la Peste noire et les vagues suivantes d'épidémies buboniques (qui amputèrent la population européenne des deux tiers) étaient le prix céleste à payer pour l'obscénité des chaussures et des vêtements des hommes. En 1482, la Chambre des communes demanda à Édouard IV de légiférer :

> [Que] nul chevalier au-dessous du rang de Seigneur… ni aucune autre personne, n'utilise ou ne porte… quelque Robe, Veste ou Cape qui ne soit de longueur suffisante pour que, lorsqu'il se tient debout, soient recouverts son membre intime et son postérieur.

Dans le monde féodal, on laissait les seigneurs agir à leur guise, et ce fut plus ou moins le cas en ce qui concernait les poulaines – Édouard restreignit les « brisures » (pointes) de leurs souliers à soixante centimètres, tandis que celles de leurs vassaux étaient réduites à trente centimètres et celles du petit peuple à quinze, toute contravention « étant passible de l'anathème de l'Église et d'une amende de vingt shillings par paire infligée par le Parlement ». La sévérité de cette loi somptuaire (la majorité des gens aurait été bien incapable de payer une amende aussi importante) visait à en finir au plus vite avec cette mode, ce à quoi elle parvint, même si le bon sens a sans doute également prévalu – aubaine pour les poseurs qui faisaient une fixation génitale, il était cependant quasiment impossible de marcher avec des poulaines. Avant la fin du siècle, elles avaient disparu.

Édouard IV n'avait rien précisé dans son décret concernant les chausses des hommes, mais l'entrejambe cousu n'aurait de toute manière pas duré : les hommes ne pouvaient s'accommoder de baisser leurs bas – en les désolidarisant de la ceinture placée sous leur pourpoint ou en dénouant les lacets qui les retenaient – chaque fois qu'ils avaient besoin d'uriner. Une fois encore, le bon sens dicta la nouvelle mode : les tailleurs insérèrent un simple triangle de tissu entre les jambes, soit cousu aux chausses en bas et muni de lacets en haut, soit lacé aux trois coins. Et c'est ainsi que fut créée la brague.

À ce stade, la brague était presque invisible, mais pas pour très longtemps : les hommes se mirent vite à augmenter l'épaisseur de la pièce de tissu. Pour certains, cela commença selon toute probabilité comme une farce ; pour ceux que l'on pourrait qualifier de « dimensionnistes », les choses tournèrent rapidement à la compétition. Le rabat se transforma en une poche gonflée qui devint par la suite de plus en plus rembourrée et de plus en plus ornementée à l'aide de pierres précieuses, de rangs de perles et même de clochettes. Ravi de voir que le pénis était enfin l'objet de la considération qui lui était due, Léonard de Vinci écrivit : « L'homme a tort d'avoir honte de le mentionner et de l'exhiber, de toujours le couvrir et le cacher. Il devrait tout au contraire le décorer et le mettre en valeur avec un sérieux indispensable, comme s'il était un émissaire. » C'est vers le milieu du XVIe siècle, soit quelque trente ans après la mort de Léonard, que la brague, désormais ouvertement configurée à la manière d'une énorme et permanente érection, connut son heure de gloire – une chance, écrivit Rabelais, pour les « nombreux jeunes gentilshommes » dont les « bragues frauduleuses… ne contiennent rien d'autre que du vent, au grand désappointement du sexe féminin ». Passé ce cap, la vogue de la brague ne pouvait que décliner. Pendant la période élisabéthaine, la mode masculine changea de nouveau de façon radicale, le tronc des chausses se transformant en shorts bouffants hors desquels une brague de dimensions plus modestes observait le monde en attendant de lui faire ses adieux.

Il fallut attendre la fin du XVIIIe siècle et le début du XIXe – la période couvrant la Révolution française et la Régence anglaise – pour que le pénis redevienne à la mode à travers l'Europe comme dans les Amériques. Les culottes à hauteur de genou, qui avaient depuis longtemps remplacé les bas, avaient fait naître le « pont » – assez semblable à un petit tablier qui se rabattait depuis la ceinture – en guise d'accès indispensable. Une quantité moindre de tissu était donc requise et les culottes, généralement faites de fine peau de daim, devinrent si collantes que pour la première fois dans l'histoire, les tailleurs durent demander à leurs clients de quel côté ils « portaient ».

La danse classique quant à elle s'était tout récemment délestée de ses costumes amples, aussi bien pour les hommes que pour les femmes, afin que le public puisse mieux apprécier la performance artistique et athlétique des danseurs. Lequel public, déconcerté dans un premier temps par la protubérance à l'avant des collants blancs des hommes, avait fini par s'en accommoder (contrairement au directeur de la BBC qui, lorsqu'un ballet fut pour la première fois télévisé dans les années 1930, suggéra à son directeur général que les danseurs portent deux paires de collants). Séduits, les dandys à l'esprit luxurieux de la Régence adoptèrent au quotidien des collants couleur chair. Cité par Ivan Bloch dans *Sexual Life in England*, ce témoignage d'un Allemand en visite à Londres affirmant : « De loin, je crus réellement que des pensionnaires de l'asile de Bedlam avaient échappé à leurs gardiens et n'avaient revêtu que des chaussures et des vestes, laissant le reste de leur corps exposé. » Au cours de la même période, le costume porté par les matadors espagnols prit la forme de l'« habit de lumière » classique, des culottes descendant jusqu'au genou et gainant leur corps dans l'esprit de celui des danseurs afin de mettre en valeur leur gracieuse virilité.

Au milieu des années 1800, avec l'arrivée des pantalons, l'accentuation génitale devint moins flagrante mais resta prisée des jeunes hommes. Témoignage de l'ambivalence propre à l'époque victorienne, où le libidineux le disputait au sexuellement refoulé, bon nombre d'hommes optèrent alors pour des pantalons moulants auxquels ils adjoignaient un anneau d'« habillage » en métal – improprement nommé « prince Albert » – qui leur permettait d'arrimer leur pénis à la couture intérieure à l'aide d'un ruban ou d'une chaînette et d'atténuer ainsi l'impact visuel. Les victoriens transmirent leur goût pour la mode génitale flamboyante (mais pas pour les anneaux péniens) aux dandys édouardiens, après quoi ce penchant disparut jusqu'aux années 1950, époque où de jeunes prolétaires caricaturèrent le style édouardien en portant des pantalons si étroits qu'ils étaient obligés de marcher en gardant leur pénis en position haute. « Fermement maintenu en position verticale par le tissu extrêmement moulant, écrivait l'anthropologue Desmond Morris dans *Comportement intime*, il offre une discrète mais parfaitement visible protubérance génitale aux yeux de la femme éventuellement intéressée. Ainsi, le costume du jeune mâle lui permet d'exhiber un semblant d'érection… »

Les pantalons portés (majoritairement) par les jeunes hommes au cours des années 1970 redevinrent très moulants au niveau de l'aine et laissèrent peu de doute quant à la question du port à droite ou à gauche. Le stylisme, épris de confort et de discrétion, devint ensuite la norme qui perdure depuis – sauf chez les adeptes du look cow-boy, principalement les Américains des États du Sud, toutes tendances sexuelles confondues, et la communauté gay partout dans le monde. Mais l'anatomie masculine étant ce qu'elle est, tout homme distrait vêtu d'un pantalon en tissu qui, lorsqu'il s'assied, peut se trouver coincé entre ses fesses est susceptible de faire preuve de forfanterie involontaire, à la manière de l'animateur de télévision Terry Wogan et de son célèbre pantalon en moleskine – distraction d'autant plus fâcheuse, en l'occurrence, que Wogan présentait une émission intitulée *Points of View* (Points de vue), titre que les journaux ne manquèrent pas de détourner allègrement tout en qualifiant de « dysfonctionnement vestimentaire » le pantalon de l'animateur.

De quelque manière et à quelque degré que les parties génitales aient pu être exhibées, l'intention était la plupart du temps de ne pas dépasser les bornes. À une exception manifeste près, lorsque dans les années 1980 les athlètes se mirent à porter de l'élasthanne, plus connue sous le nom de Lycra. Ce tissu excessivement fin et moulant était conçu pour aider les athlètes à améliorer leurs performances. Mais ses propriétés constrictives étant pratiquement inexistantes, les pénis se pavanaient avec un joyeux abandon lors des meetings d'athlétisme, comme si leurs propriétaires s'étaient promenés nus.

C'est ainsi que l'équipement considérable du sprinter britannique et médaillé d'or olympique Linford Christie, vu et revu sous des angles innombrables dans les ralentis télévisés, fut surnommé *the lunchbox*[1]. À son grand dam, plusieurs fabricants de vraies boîtes à déjeuner approchèrent Christie pour qu'il parraine leur produit. À la fin des années 1990, au moment de sa retraite sportive, le champion fut accusé d'avoir eu recours à des produits dopants en vue d'améliorer ses performances et porta plainte pour diffamation. Au cours du procès devant la Haute Cour, la *lunchbox* fut mentionnée et, ignorant de ce que tout le pays savait, un juge interloqué demanda des éclaircissements. Christie s'expliqua alors sur ce point avant d'ajouter qu'il en avait tellement assez que les gens lui demandent quelle était la taille de son pénis qu'il répondait : « Grand comme ça » en écartant les bras au maximum. Le juge, dûment renseigné, se garda bien d'aller vérifier si cette affirmation était ou non sarcastique.

Mis à part ce cas exceptionnel, l'homme semble éprouver le besoin d'attirer l'attention sur ses parties

---

1. En Angleterre, *lunchbox* signifie à la fois « boîte à déjeuner » et « engin » au sens sexuel du terme. *(N.d.T).*

génitales, souvent en laissant entendre que le contenu vaut le contenant. S'il ne s'agit pas d'une idée fixe, il s'agit au moins d'un thème récurrent. Les collants couleur chair ne suffisaient pas à certains dandys du XVIIIe siècle : ils leur ajoutaient des rembourrages (et portaient également des faux mollets). De la même façon, les chanteurs pop du XXe siècle firent de leurs testicules un formidable argument de vente, fourrant un mouchoir roulé en boule ou une paire de chaussettes au bon endroit, la palme de l'inventivité revenant au duo Wham ! qui utilisait, pour sa part, des volants de badminton. Certains mannequins ont reconnu avoir recouru à des stratagèmes similaires, technique de leurre qu'ils partagent avec bon nombre d'hommes – qui, eux, taisent la chose. Les sex-shops commercialisent des « packs augmentatifs », et depuis 2010 Marks & Spencer, ce bastion du conservatisme vestimentaire, propose des slips à « accroissement facial », un « emballage intégral » offrant une « augmentation garantie de 38 % des contours ».

Certains historiens de la mode annoncent périodiquement le retour de la brague trompe-l'œil. L'idée a traversé l'esprit de plusieurs anthropologues, parmi lesquels Desmond Morris, et elle est omniprésente dans celui des cinéastes qui auraient du mal à concevoir un monde futur sans brague.

De fait, la brague est déjà, encore que de façon marginale, de retour parmi nous depuis soixante ans en tant que symbole de la sous-culture du cuir, née après la Seconde Guerre mondiale avant d'essaimer dans le heavy metal et le glam rock, qui l'ont magnifiée à coups de lumières clignotantes, d'étincelles et de flammes.

Mais la brague a peut-être fait son retour deux cents ans plus tôt – tout dépend de la façon dont on considère l'escarcelle…

Jusqu'au XVIIIe siècle, l'escarcelle, cousine germaine de la bourse de ceinture médiévale et accessoire essentiel du kilt des Écossais des Highlands, se portait à la ceinture et sur le côté. Au XVIIIe siècle, avec quelque retard sur le style du Moyen Âge, on se mit à la porter à l'avant. À ce stade, l'escarcelle conservait encore ses caractéristiques traditionnelles – elle était en cuir, petite et simple –, mais elle se conforma rapidement au modèle médiéval d'ostentation croissante. Au siècle suivant, sa taille changea, on employa d'autres matériaux, notamment de la fourrure animale, et des couleurs très diverses, et on l'orna de pompons et autres décorations. À la différence de la brague classique, l'escarcelle demeurait, bien entendu, indépendante du vêtement : une brague semi-détachée ou, ainsi que le formule Desmond Morris, une « zone pubienne de substitution ».

Quelle que soit la façon dont on considère la chose, l'adoption du kilt comme uniforme par l'armée écossaise – avec obligation de ne rien porter dessous – contribua grandement au nouvel essor de l'escarcelle en tant qu'objet sexuellement connoté. En 1815, après Waterloo et l'occupation de Paris qui s'ensuivit, l'empereur de Russie demanda que des hommes issus de tous les régiments des Highlands se présentent devant lui au palais de l'Élysée. Tandis qu'ils se tenaient au garde-à-vous, l'empereur tripota leurs kilts et leurs escarcelles tout en les passant en revue. Il se montra plus inquisiteur quand vint le tour du sergent Thomas Campbell à la gigantesque silhouette. Il « eut la curiosité de soulever mon kilt jusqu'à mon nombril afin de tout bien vérifier », écrirait plus tard Campbell. La virilité et le fait d'être membre du « régiment » (comme on dirait aujourd'hui du « commando ») devinrent si étroitement associés dans l'esprit militaire écossais que lorsque les officiers inspectaient leurs troupes sur le front ouest durant la Première Guerre mondiale, ils le faisaient munis d'un club de golf ou d'une canne pourvus d'un miroir, histoire de vérifier que tout était en ordre. Dans les années 1960 encore, les inspections au miroir dans les baraquements demeuraient monnaie courante. Et de nos jours, les porteurs de kilt civils, tout comme les militaires, n'éprouvent d'égards que pour ceux de leurs compatriotes qui laissent leurs testicules pendre librement comme de vrais Écossais.

Le romancier et polymathe Anthony Burgess souscrivait à ce point de vue – même s'il portait un sarong à l'époque où il était enseignant en Malaisie :

> Je me balade avec un pénis et une paire de testicules. Ils ne sont pas particulièrement beaux à voir, sauf quand ils sont stylisés sous forme de Sainte Trinité ou d'un lingam hindou. Ils sont encombrants, et les vêtements masculins ne sont pas bien adaptés à eux. Je me fais le serment de m'inventer des ancêtres écossais et de porter le kilt.
>
> (Andrew Biswell, *The Real Life of Anthony Burgess*)

Le peintre et sculpteur Eric Gill exécrait le pantalon de façon plus véhémente encore. Dans un petit livre, *Trousers and the Most Precious Ornament* (Les Pantalons et le plus précieux ornement) publié peu avant la Seconde Guerre mondiale, il tourna en dérision ce vêtement dans lequel le pénis était « engoncé, déshonoré, négligé, ridiculisé et ridicule – plus rien à voir avec le membre viril ». Gill n'était pas pour autant un adepte de la brague : il voulait en revenir à la blouse médiévale, qu'il portait lui-même en laissant son « précieux ornement » libre de toute entrave. Eldridge Cleaver, en parfait accord avec Gill au sujet des pantalons qui « castrent » les hommes – « Le pénis flétrit sur pied », disait-il dans un style quelque peu surréaliste –, était, lui, un tenant de la brague et fut responsable d'une des deux tentatives plus ou moins sérieuses de réhabilitation de l'objet aux yeux du grand public qui aient été menées au cours des dernières décennies.

Afro-américain, Cleaver fut tour à tour taulard, drogué, leader des Black Panthers au temps de la lutte pour les droits civiques, marxiste révolutionnaire, écrivain, chrétien régénéré, candidat à la présidence et animateur de talk-shows radiophoniques. Ainsi, dans les années 1970, qu'un défenseur ardent de la brague. Il en fabriqua un prototype intégré à un pantalon (appelé Cleavers) dont il disait qu'il allait « rendre au sexe sa place légitime ». Ce qu'il avait imaginé allait bien au-delà de la traditionnelle brague en forme de coupe – de fait, celle de Cleaver, renflée, ressemblait à des parties génitales apparentes (« anatomiquement correctes », précisait-il) qui auraient conduit quiconque les aurait portées à se faire arrêter pour outrage public à la pudeur. La campagne de Cleaver flétrit sur pied. Tout comme, vingt ans plus tard, celle menée par Jennifer Strait – qui, elle, pouvait non seulement compter sur son savoir académique, mais aussi sur le concours d'Internet pour rallier les suffrages des possesseurs de pénis.

Professeur d'habillement, de merchandising et de textiles à la Washington State University, Strait pensait que les vêtements masculins reflétaient une « asexualité absolue ». Elle prônait aussi l'égalité sexuelle : « Si les femmes exagèrent la taille de leur poitrine à l'aide de soutien-gorge, pourquoi les hommes ne magnifieraient-ils pas les formes de leur corps ? » Elle lança campagne avec un T-shirt clamant : « Rétablissez la brague », qui devait être suivi par des shorts, des tabliers et des pare-chocs ornés de slogans semblables et comptait, une fois le buzz créé, passer à la production en série de l'objet lui-même. Las, ses attentes furent déçues. Les magazines de mode masculine étaient à mille lieues de partager ses conceptions et les commandes de T-shirts ne décollèrent pas. Les possesseurs de pénis n'étaient pas preneurs de ce type de valorisation vintage : ils voyaient le ridicule pointer le bout de son… nez. Au bout de deux années, Strait abandonna, laissant en guise de testament dédié à une cause perdue son site Internet (remis pour la dernière fois à jour en 1995).

Les deux champions de la brague croyaient pouvoir profiter de la libéralisation des mœurs qui caractérisa les dernières décennies du millénaire. Mais l'air du temps n'était plus au respect un tantinet voyeur voué au pénis à travers la brague – de fait, l'époque avait dévoilé le pénis au grand jour. Celui des strip-teaseurs s'ébrouait lors de soirées entre filles dans les pubs, les clubs et les salles des fêtes aux cris de « Sors-la, sors-la, sors-la ! » Sur scène comme à l'écran (le grand, le petit et pour finir celui des ordinateurs), on voyait s'ébattre de vrais pénis en chair et sans os.

Combien paraît datée la tempête de protestations soulevée il y a quarante ans par la comédie musicale *Hair*, issue de la contre-culture hippie et *toute* première production théâtrale à confronter le public à la nudité masculine – à l'occasion d'une reprise du spectacle en 2008, les directions des théâtres se montrèrent plus préoccupées de prévenir leurs clients qu'ils risquaient d'être incommodés par la fumée des cigarettes à base d'herbe venue de la scène que de les avertir de la présence de morceaux de chair ballant en toute liberté. On a vu tellement de pénis « jouer » dans tellement de pièces que les directions des théâtres ne prennent même plus la peine d'attirer l'attention sur la chose, alors qu'elles prennent bien soin de mettre en garde contre les risques d'épilepsie en cas d'emploi d'éclairage stroboscopique. Quand Nicole Kidman se produisit sur une scène londonienne dans *Blue Moon* et fut qualifiée de « pur Viagra théâtral », personne ne parut se soucier de ce que sa covedette masculine était tout aussi nue qu'elle et qui plus est faisait la roue – à coup sûr une première dans l'histoire théâtrale. Les pénis sont devenus si communs sur les planches – soit simulant la masturbation, la fellation, la pénétration, soit, telle une célébrité jouant son propre rôle, se contentant de faire applaudir leur seule présence – que seul un *coup de théâtre** pourra obtenir une critique ; le pénis qui dans *Buff* atteint l'orgasme en même temps qu'une bouilloire à sifflet n'eut droit qu'à quelques lignes dans une critique – moins encore que *Puppetry of the Penis*, qui entend faire rire par le biais d'une démonstration d'origami génital.

Il est bien loin le temps où la nudité masculine à la télévision était limitée au postérieur. Dans le cinéma grand public, on peut même voir des pénis en érection, et pas nécessairement simulée. Depuis que, dans les années 1980, Richard Gere a exhibé son service trois pièces dans *American Gigolo*, il est presque devenu de rigueur pour les vedettes de l'écran de montrer leurs parties génitales (Kevin Costner fut tellement furieux que la scène d'un film dans lequel il sortait de sa douche soit coupée au montage qu'il menaça le studio de poursuites). Sur les sites pornographiques, des dizaines de milliers de pénis se bousculent et se pavanent, joignant le boulot au plaisir – un bel exemple d'oxymore.

Les pénis sont également devenus un élément incontournable de l'iconographie contemporaine, dans le Pop Art comme dans la publicité. Les frères Chapman remplacent les nez par des pénis ; une artiste expose son *Wall of Wangers* (Mur de bites), spectacle de quatre-vingt-huit moulages de pénis à quatre-vingt-huit stades de l'érection qui ferait presque passer les Plaster Casters, les groupies pop des années 1960, pour des enfants de chœur ; et, summum de l'art pénien, un portrait de l'ancien Premier ministre australien John Howard a été peint par un artiste utilisant son pénis en guise de pinceau – plus fort que Renoir qui disait : « Je peins avec mon sexe », même s'il l'entendait, lui, au sens figuré et viscéral. Si la publicité ne se tourne encore qu'avec parcimonie vers les érections (et toujours de façon humoristique, en se servant de coussins ou de serviettes, voire parfois du produit vanté lui-même à la manière d'artefacts), elle reste accro aux doubles sens péniens : « Quatre centimètres de plus dans la *lunchbox* » (dans une publicité vantant les mérites d'un paquet de biscuits taille familiale) ; « Trente-huit centimètres sans le moindre pli » (pour une chemise) ; « Vous pouvez tenir le coup pendant une semaine ? » (une campagne nationale en faveur du végétarisme). Les dimensions n'ont pas nécessairement la même importance pour les publicitaires que pour les possesseurs de pénis.

Que le statut de celui-ci se trouve affaibli ou non par de franches exhibitions ou d'incessantes allusions affecte peu le possesseur de pénis lambda. Il n'en ressent aucune diminution à titre personnel. De fait, dans ses années de splendeur, il est de façon subconsciente sûr que son membre viril n'est non seulement en aucun cas déshonoré ou ridiculisé dans/par son pantalon, mais qu'il en sort au contraire grandi, exhibé d'une manière subreptice que les seuls mots ne sauraient décrire. La façon de marcher de certains possesseurs de pénis ne laisse subsister aucun doute quant à cette arrogance pénienne qui entraîne leurs cuisses dans une circumnavigation apparemment indispensable autour de ce qui se trouve logé entre elles et qui, dirait-on, leur interdit de se mouvoir normalement. Ces hommes ont tendance à s'asseoir dans les transports publics avec les jambes largement écartées, comme si rapprocher leurs genoux leur était tout simplement impossible. C'est une habitude si prégnante chez les Japonais – chose qui ne manque pas de sel, si l'on considère leur classement au bas de l'échelle des mesures – que dans le métro de Tokyo des autocollants stigmatisent ce genre de comportement. Dans sa contribution au livre *Dick for a Day* demandant aux femmes comment elles se comporteraient si elles avaient un pénis, Maryanne Denver écrivait : « Je me le collerais sur le front et paraderais comme le font habituellement leurs propriétaires. » Elle s'exprimait certes de façon métaphorique, mais pour ce qui concerne certains hommes de manière on ne peut plus juste.

« Les Destinées gouvernent les hommes, de même qu'elles le font de ces parties intimes que nos vêtements dissimulent. Si les étoiles nous sont contraires, la taille fabuleuse de notre bite ne nous mènera absolument nulle part... »

Juvénal

LES HASARDS DE LA PROPRIÉTÉ

Les plus et les moins

Une nuit d'été de l'an 415 avant J.-C., peu avant que l'armée athénienne embarque pour s'en aller mener une guerre impopulaire contre la Sicile, un inconnu brisa les pénis des hermès à travers toute la ville – des centaines de phallus érigés dans les lieux publics, dans les cours intérieures et dans l'entrée de demeures privées. Selon l'historien anglais George Grote, « les hommes qui découvrirent en se réveillant leurs protecteurs phalliques castrés eurent le sentiment qu'Athènes avait été abandonnée des dieux ».

On ne découvrit jamais le responsable de ces actes ni pour quelle raison il avait agi ainsi. En 1990, la féministe Eva Keuls, professeur de lettres classiques à l'université du Minnesota, affirma dans *The Reign of the Phallus* que les coupables étaient un groupe de femmes désireuses de protester contre la guerre et, ce faisant, contre le monde phallocratique dans lequel elles vivaient. D'autres historiens ont réfuté ses allégations en les qualifiant de « fantaisistes ». L'Histoire confirme cependant cette observation de Gay Talese dans *Thy Neighbour's Wife* (L'Épouse de ton voisin) selon laquelle les pénis « sont très vulnérables même quand ils sont faits de pierre, et les musées du monde entier regorgent de figures herculéennes dotées de pénis abîmés, cassés ou castrés ». Le British Museum possède une salle pleine de cas semblables, mutilés au nom de la religion par les premiers chrétiens, puis au cours d'autres périodes telles que la Réforme anglaise ou la Révolution française, l'époque victorienne s'étant également attaquée à coups de burin aux parties intimes de la statuaire publique au prétexte qu'elles outrageaient les bonnes mœurs.

La vulnérabilité des pénis de pierre n'est que peu de chose comparée à celle des pénis de chair et n'est rien en comparaison de celle des testicules. Les pénis de la plupart des mammifères sont protégés par un fourreau duquel ils n'émergent que lorsqu'ils sont gorgés de sang. Ceux des mâles humains et de leurs cousins primates ne possèdent pas un tel fourreau parce qu'au lieu d'être rattachés à l'abdomen, ils pendent librement (on dit qu'ils sont « pendulants »). Quant aux testicules, ceux de tous les mammifères naissent à l'intérieur du corps et y demeurent dans le cas de nombreuses espèces ; chez certaines autres, ils n'émergent que durant la saison de la reproduction, puis se replient vers l'intérieur pour s'y remettre à l'abri. Mais chez d'autres, parmi lesquelles l'homme, les testicules descendent dans le scrotum avant la naissance et y restent la vie durant. Si l'on considère que la conformation interne offre un maximum de protection, il semble paradoxal que la conformation externe existe, tout particulièrement chez les grands primates les plus évolués. Un article du *Journal of Zoology* laissa entendre que la raison pourrait être liée à l'évolution de la locomotion. Les espèces ayant une manière ordinairement lente de se déplacer (des éléphants aux taupes) maintiennent leurs testicules à l'intérieur de leur structure osseuse. Celles qui sautent et courent (daims, kangourous, chevaux, primates) les portent à l'extérieur – une évolution nécessaire : en effet, à l'époque où leurs testicules étaient encore internes, leurs mouvements « commotionnels » les compressaient et, leur appareil reproducteur n'étant pas doté de sphincters, elles éjaculaient involontairement et gaspillaient leur sperme.

Posséder des parties génitales externes présente ses avantages. Le pénis ne restant pas en permanence en position rigide et fixe, il possède de ce fait une flexibilité rendant possibles à la fois la copulation et la miction ; en outre les testicules externes conservent le sperme dans des conditions thermiques qui lui permettent de rester plein de vitalité et prêt à jaillir (*cf.* 4e partie). Mais il existe aussi des inconvénients : le danger accru d'accidents ou d'attaques inhérent à la démarche verticale de l'homme qui expose ses fragiles extrémités. Ses testicules sont particulièrement vulnérables aux blessures, et comme ils sont infiniment plus fragiles que son pénis – ils font de fait partie de ses viscères internes –, un coup ou une pression peuvent suffire à provoquer des nausées ou même des pertes de connaissance.

On estime qu'un adolescent sur dix a été frappé aux testicules, occasionnant des souffrances ou des préjudices à des degrés divers. Le pénis lui aussi subit des dommages : des petits garçons débarquent régulièrement aux urgences après que la lunette des toilettes est retombée sur le leur, quand ce n'est pas une fenêtre à guillotine comme cela arrive au tout jeune héros de *Tristam Shandy*, donnant ainsi à un domestique l'occasion d'ironiser : « Décidément, rien dans cette maison Shandy n'est bien monté. » Des hommes de tous âges se présentent eux aussi aux urgences pour s'être maladroitement coincés avec leur fermeture Éclair. Chaque année, quatre millions d'hommes au Royaume-Uni et dix-neuf millions d'autres aux États-Unis subissent des blessures génitales en faisant du sport ou de l'exercice.

D'autres types d'accidents pourront paraître hilarants à ceux qui n'en ont pas été victimes. Aux îles Fidji, en 2005, un vacancier britannique s'endormit dans une flaque d'eau au milieu des rochers et dut être conduit d'urgence à l'hôpital après qu'il eut découvert en se réveillant qu'une bernacle s'était accrochée à son pénis. En 2006, un Croate s'installa dans une chaise longue sur la plage et s'aperçut, en essayant de se relever, que ses testicules étaient coincés entre les lattes – ils s'étaient recroquevillés pendant qu'il barbotait dans la mer, mais avaient retrouvé leur taille normale au soleil ; un employé dut découper le transat pour le libérer.

Les relations sexuelles aussi peuvent s'avérer périlleuses pour les hommes. Une majorité d'entre eux ignorent peut-être qu'ils possèdent un *frenulum* (frein du pénis, ôté aux hommes circoncis), cette languette de peau mince et élastique qui arrime le prépuce à la face inférieure du gland. *Frenulum* signifie « petite corde » en latin, et tout comme une corde, celle-ci peut se rompre. Des relations sexuelles trop vigoureuses en sont la cause, et c'est généralement au cours de rencontres d'une nuit, quand le sexe est plus musclé que d'ordinaire, que les hommes de tout âge sont victimes de cette blessure. Qui peut s'avérer sanglante (Suzi Godson, l'experte du *Times* en matière de sexe, relate une rencontre dans un hôtel au cours de laquelle le frein d'un homme se rompit : « Quand ils quittèrent la chambre, on eût dit que quelqu'un avait été assassiné sur le lit »). En plus d'être horriblement douloureuse, la blessure implique presque obligatoirement une très gênante visite aux urgences pour y subir quelques travaux d'aiguille, mais elle guérit vite.

Il en va tout autrement de la fracture du pénis. Chaque année, au moins deux cents Américains et trente ou quarante Britanniques se fracturent le pénis au cours d'une érection. Dans la majorité des cas, cela se produit lors d'une relation sexuelle violente. Bizarrement, cela peut arriver à certains à l'occasion d'une chute du lit en pleine action ou à d'autres qui, trop « physiques », viennent à heurter l'os pubien de leur partenaire, ou périnée. Mais pour la plupart, l'accident se produit lorsque leur partenaire les chevauche et joue des hanches.

Très mince, la membrane du pénis, la *tunica albuginea*, protégeant les corps caverneux qui se remplissent de sang pendant l'érection est capable de résister à dix fois la pression subie en état d'érection. Mais au-delà, l'enveloppe se brise – avec un craquement très audible. Il en résulte une douleur épouvantable, tandis que le pénis enfle et prend la couleur d'une prune mûre. Une intervention chirurgicale est nécessaire, suivie de six semaines obligatoires de repos, alité et avec des attelles au pénis. La fracture guérira, avec cependant une possibilité de rechute. Dans les cas les plus graves, l'infortunée victime risque la maladie de La Peyronie dans laquelle une plaque fibreuse se forme à l'endroit de la blessure, l'érection devenant alors douloureuse et moins vigoureuse – de même que le pénis peut former un coude marqué et se trouver grandement déformé, gonflé au sommet et à la base mais comme pris dans un étau invisible en son milieu. Quatre hommes sur dix victimes de la maladie de La Peyronie conservent, à divers degrés, un dysfonctionnement érectile permanent.

Contrairement à la déchirure du frein qui peut survenir à tout âge, la maladie de La Peyronie (qui peut également avoir des causes non traumatiques) frappe le plus souvent des hommes d'âge mûr, même si la prévalence et l'incidence sont difficiles à établir, bon nombre de ceux qui en sont victimes ne demandant pas d'aide tant ils sont embarrassés. La littérature médicale actuelle laisse entendre qu'entre 3 % et 9 % des hommes en sont atteints.

Les démunis

Selon Rabelais, la première partie de leur corps que les anciens hommes protégeaient (avec d'épaisses feuilles de figuier) était « le bâton d'amour et paquet de mariage », mots prononcés par Lady Humphrey de Merville tandis qu'elle exhorte son mari en partance pour la guerre à arrimer un heaume de joute à son aine. C'est au siècle de Rabelais, le XVIe, que les progrès techniques permirent de créer le « bouclier génital » incorporé aux armures : pas moins prétentieux en taille que la brague, mais doté, lui, d'une fonction vitale. Lorsque des protections appropriées viennent à manquer dans des situations dangereuses, les hommes prennent des mesures d'urgence. Pendant la Seconde Guerre mondiale, les troupes aéroportées qui subissaient l'épreuve du feu choisissaient souvent de s'asseoir sur leur casque et de protéger la tête qu'ils avaient entre les jambes plutôt que celle qu'ils avaient sur les épaules.

Le pénis peut être plus vulnérable encore une fois la guerre terminée que pendant : les vainqueurs ont en effet toujours eu pour habitude d'émasculer les vaincus. Il était jadis universellement admis que le fait de rendre les ennemis physiquement incomplets les empêchait d'accéder à l'autre monde, d'où ils pourraient chercher à se venger. Une croyance qui perdure encore dans certaines régions de la Méditerranée et du Moyen-Orient. Mais la plupart du temps, bien entendu, les possesseurs de pénis en guerre castraient leurs ennemis afin de prélever sur eux la chose même qui faisait d'eux des hommes, leur virilité, et donc les « féminiser ».

Les Égyptiens, les Babyloniens, les Hébreux et les Éthiopiens, entre autres, considéraient les pénis ennemis comme des trophées de guerre et en tenaient scrupuleusement le compte : après avoir envahi la Libye, en 1200 avant J.-C., les Égyptiens rentrèrent chez eux avec un butin de treize mille deux cent quarante pénis (six prélevés sur des généraux libyens, six mille trois cent cinquante-neuf sur des Libyens, six mille cent onze sur des Grecs, cinq cent quarante-deux sur des Étrusques et deux cent vingt-deux sur des Siciliens). Les Aztèques, eux, n'étaient pas des collectionneurs et, comme le découvrirent les Espagnols quand ils envahirent le centre du Mexique au XVIe siècle, ils préféraient disposer les pénis prélevés au bord des routes afin d'humilier leurs ennemis. Que ce soit ou non en vue de servir de trophées, l'ablation des parties génitales ennemies en temps de guerre a toujours existé. Ainsi, immédiatement après la bataille de Hastings, les Normands castrèrent-ils les Anglais, parmi lesquels le roi, déjà mort, Harold qui, relate Guillaume de Poitiers, eut la « jambe » coupée – ce terme étant certainement un euphémisme normand. Anglais et Français se castrèrent mutuellement sur les champs de bataille de la guerre de Cent Ans. Alors qu'ils mouraient de faim dans les steppes enneigées pendant la retraite de Russie, les survivants de l'armée napoléonienne furent traqués par les Cosaques et castrés par centaines. Grands ou petits, les conflits du XXe et de ce début du XXIe siècle n'ont pas fait exception à ce rituel.

Les hommes n'ont pas toujours eu besoin de l'excuse de la guerre pour priver leurs semblables de leur virilité – au temps de la brague, les Turcs attaquaient les voyageurs occidentaux pour vérifier si le contenu était à la hauteur du contenant et prélevaient ce qu'ils découvraient quand tel n'était pas le cas, soit pour témoigner par là de leur indignation, soit pour exprimer leur secret soulagement. La crainte du pouvoir que conférait leur taille aux pénis étrangers a historiquement engendré des exemples de castration. Les soldats de l'empereur Hadrien châtraient les Israélites – la circoncision, ce rite religieux du judaïsme qui laisse en permanence le gland à découvert comme c'est le cas chez les non-circoncis quand leur pénis est en érection, leur donnait, en effet, la réputation d'être pathologiquement lubriques – avant de les brandir vers le ciel pour narguer Dieu : « Est-ce là ce que tu as élu ? » Dans l'Amérique de la Bible Belt, qui croyait que les hommes noirs étaient des descendants de Cham, le fils maudit de Noé, et possédaient une « chair d'âne », plus de quatre mille d'entre eux, accusés d'avoir violé des femmes blanches, furent lynchés pendant la seconde moitié du XIXe siècle et la première moitié du XXe, non sans avoir été préalablement castrés pour la quasi-totalité d'entre eux.

La castration a de tout temps fait partie de l'arsenal des bourreaux et des tortionnaires. Durant les croisades (au cours desquelles chrétiens et musulmans s'émasculèrent mutuellement avec un égal enthousiasme), le chevalier Thomas de Coucy pendait ses prisonniers par les parties génitales jusqu'à ce que celles-ci finissent par se détacher de leur corps, comme le rapporte dans ses Mémoires (*De vita sua*) Guibert de Nogent en frissonnant de dégoût au souvenir de cet épisode. Des siècles plus tard, l'Inquisition suspendit de la même manière certains de ceux qui avaient eu la malchance d'attirer sur eux son attention – d'autres voyaient leur pénis victime des « cisailles crocodile », un machin métallique constitué de deux demi-cylindres garnis de dents que l'on chauffait à blanc avant de le refermer sur la verge. Pendant cinq siècles, jusqu'à la fin du XVIIIe, la castration fut aussi, conjointement à la pendaison, la noyade et l'écartèlement, l'un des châtiments que les Anglais infligèrent pour haute trahison – souvent avec une grande liberté d'interprétation : Henry VIII exécuta quelques prêtres catholiques obstinés afin de contraindre les autres à se plier à sa réforme de l'Église ; il se débarrassa également de cette manière d'un amant supposé de son épouse. Les victimes étaient pendues sans être pour autant achevées, leurs parties intimes étaient ensuite tranchées et exhibées sous leurs yeux agonisants, histoire de les humilier, puis jetées au feu, avant qu'il en soit fait de même avec leurs intestins, arrachés à leur corps éventré – un supplice que subit en particulier Charles Ier.

Dans toute l'Europe médiévale, la castration des testicules était le prix à payer pour toute une panoplie de crimes allant du faux-monnayage au braconnage sur les terres royales ; en France, pendant la Réforme protestante, la même peine était infligée pour le crime d'homosexualité, peine tout compte fait préférable à la mort, communément infligée dans différentes cultures et à différentes périodes. La récidive signifiait la perte du pénis, puis le bûcher. Dans toute l'Europe, le viol, la défloraison de la fille d'un noble et, dans certaines régions, l'adultère entraînaient la castration complète – tout comme en Chine, au Japon ou en Inde (où l'on obligeait tout homme qui avait séduit l'épouse de son gourou à s'asseoir sur un plat brûlant avant de se trancher lui-même le pénis).

Les récits de castration abondent dans l'histoire européenne, le plus célèbre étant celui du philosophe Pierre Abélard, tombé éperdument amoureux de sa pupille Héloïse. Après que celle-ci fut tombée enceinte, son oncle accompagné de parents éloignés traquèrent Abélard et, écrivit plus tard celui-ci, tranchèrent « ces parties de mon corps que j'avais consacrées à ce dont ils se plaignaient ». Il en alla de même pour de nombreux ecclésiastiques et moines coupables de transgression sexuelle. À Watton, dans le Yorkshire, un moine convers qui avait engrossé une nonne adolescente de l'ordre des gilbertines fut attiré par ses consœurs dans leur monastère, où la victime fut contrainte de le castrer avant de regagner sa cellule.

Les sévices et la trahison ont indéniablement entraîné certaines femmes à castrer des hommes sans que quiconque les oblige à tenir le couteau. Mais ce genre de besogne essaima au début des années 1990 après que John Wayne Bobbitt, un ancien marine qui vivait dans une petite ville de Virginie, se fut fait couper le pénis par son épouse Lorena. À travers toute l'Amérique et de la Chine au Pérou, des cas similaires commencèrent à fleurir. La Thaïlande en devint l'épicentre à la fin du millénaire avec une centaine d'affaires répertoriées par la police thaïlandaise, qui admit qu'il en existait probablement beaucoup plus mais que les victimes préféraient ne pas rendre publique la perte de leur pénis. Le pénis et les testicules peuvent naturellement être recousus et même retrouver leurs fonctions normales – à condition, bien entendu, qu'on les retrouve. Bobbitt eut de la chance : sa femme ayant jeté son pénis par-dessus une haie, on le récupéra. La chance sourit également à cet autre homme en Alaska : sa partenaire avait jeté son pénis dans les toilettes, mais il réapparut dans l'usine locale de traitement des eaux. Dans trente et un des cas susmentionnés en Thaïlande, l'hôpital de Bangkok fut capable de donner un nouveau sens à l'expression « recoller les morceaux ». D'autres pénis sectionnés ont cependant disparu à jamais – donnés en pâture à des canards ou à des poulets, broyés au mixeur ou jetés aux ordures. En Inde, un homme dut dire adieu à son pénis après que sa femme l'eut attaché à un ballon d'hélium.

Si l'émasculation d'un homme est généralement une activité féminine solitaire, on peut en lire une collective dans *Germinal* d'Émile Zola – précisons que l'épicier Maigrat, coupable de harcèlement sexuel ou de viol envers bon nombre de ses débitrices, s'est alors déjà tué en tombant d'un toit :

> Mais les femmes avaient à tirer de lui d'autres vengeances. Elles tournaient en le flairant, pareilles à des louves. Toutes cherchaient un outrage, une sauvagerie qui les soulageât.
>
> On entendit la voix aigre de la Brûlé.
>
> — Faut le couper comme un matou !
>
> — Oui, oui ! Au chat ! Au chat !... Il en a trop fait, le salaud !
>
> Déjà, la Mouquette le déculottait, tirait le pantalon, tandis que la Levaque soulevait les jambes. Et la Brûlé, de ses mains sèches de vieille, écarta les cuisses nues, empoigna cette virilité morte. Elle tenait tout, arrachant, dans un effort qui tendait sa maigre échine et faisait craquer ses grands bras. Les peaux molles résistaient, elle dut s'y reprendre, elle finit par emporter le lambeau, un paquet de chair velue et sanglante, qu'elle agita, avec un rire de triomphe :
>
> — Je l'ai ! Je l'ai !
>
> Des voix aiguës saluèrent d'imprécations l'abominable trophée.

Or ce genre d'action collective n'est pas réservée à l'imagination d'un romancier et aux morts. Au Cambodge, des femmes ont fait sortir de force d'un poste de police un homme accusé de nombreux viols et lui ont coupé le pénis avant de le passer dans un hachoir à viande, puis de contraindre l'homme à le manger.

La castration est une chose horrible, quelle que soit la manière dont on procède, et peu de femmes y ont recours. Au lieu de quoi nombre de celles qui ne sautent pas le pas mais ne pensent pas moins que seul un châtiment génital sera capable de compenser le préjudice subi adoptent une méthode « mains libres » en utilisant de l'eau ou de la matière grasse bouillante. Mais l'ablation du pénis d'un homme peut ne pas constituer systématiquement un acte de vengeance. Une femme au foyer de Pékin n'avait rien d'autre que de l'amour dans le cœur quand, en 1993, elle « dépénisa » son époux à l'aide d'une paire de ciseaux. Une diseuse de bonne aventure lui avait affirmé que l'organe inadéquat du mari était cause de leurs difficultés relationnelles. Elle l'élagua donc en espérant qu'il allait repousser plus gros et plus vigoureux…

« Vive le couteau ! »

Les hommes ont pratiqué la castration pour d'autres motifs que d'assouvir leur soif de sang – principalement pour s'approvisionner en serviteurs, gardes, administrateurs et prêtres. Les Indiens caraïbes (qui donnèrent leur nom aux îles), eux, castraient pour des motifs culinaires les jeunes garçons qu'ils capturaient. Peuple cannibale, les Caraïbes appréciaient la chair des castrés prépubères, avant la poussée hormonale qui accompagne l'entrée dans l'âge adulte, car celle-ci est dépourvue de muscles et donc plus tendre lors de son passage à la casserole.

En Orient comme en Occident, les prisonniers et les criminels castrés étaient à une époque les serviteurs les plus recherchés ; la demande excédant l'offre et les garçons castrés avant la puberté se révélant plus dociles et dignes de confiance, les marchands d'esclaves virent là une occasion de faire des affaires et firent venir de jeunes garçons d'autres pays – les plus mignons finissant dans les bordels destinés à une clientèle exclusivement masculine. La majeure partie des eunuques venus d'Afrique via l'Égypte et le Soudan étaient « entièrement rasés » – à savoir privés de leur pénis et de leurs testicules. Ils étaient les seuls mâles acceptés dans les harems des sultans ottomans. Dans les autres espaces des palais travaillaient des eunuques blancs uniquement privés de leurs testicules : à son apogée, au moment où l'Empire ottoman envahit certaines régions de l'Europe de l'Est, un nombre considérable d'eunuques venus de Hongrie, des pays slaves, d'Allemagne, d'Arménie, de Géorgie et du nord du Caucase convergea vers la Sublime Porte. Tous les eunuques de la Chine impériale étaient en revanche castrés intégralement – les empereurs redoutaient plus que tout l'émergence d'une dynastie rivale et ne prenaient aucun risque avec un hypothétique ennemi intérieur. Plus sûrs de leur pouvoir, les Moghols indiens autorisaient leurs eunuques à conserver leur pénis.

Il était facile de castrer de jeunes garçons : après qu'une pression sur la carotide les eut rendus inconscients, leurs testicules étaient broyés, souvent à la main, ce qui endommageait de façon définitive les glandes séminales ; on pouvait également enserrer les testicules au moyen d'un cordon de façon qu'ils se nécrosent et finissent par tomber – les éleveurs castrent les agneaux d'une manière très similaire en employant des élastiques. Le scrotum et les testicules adultes étaient, eux, voués au couteau.

Couper les seuls testicules ne met généralement pas la vie en péril. Mais couper le pénis, si, et moins d'un homme sur cinq survivait à la castration à l'africaine ; y compris dans la ville soudanaise de Tewasheh, jadis l'un des plus gros fournisseurs d'eunuques au monde, seuls trois mille sur les trente mille hommes qu'on y castrait chaque année survivaient. Le processus était des plus barbares. L'homme était sanglé au sol et ses parties génitales garrottées par un fil, qui coupait la circulation sanguine, avant d'être tranchées. La blessure était cautérisée à l'aide d'un fer rouge ou de goudron brûlant, et une tige de bambou y était introduite afin que l'urètre reste ouvert. Le castré était ensuite enfoui jusqu'au nombril dans du sable ou de la boue et privé de boisson pendant cinq ou six jours. Si son urine se mettait alors à couler, il avait une chance de survivre ; sinon, incapable de vider sa vessie, il mourait d'une mort atroce – à moins, bien entendu, de périr des suites d'une hémorragie ou de septicémie. Contrairement aux Africains, les Chinois lavaient les parties génitales des hommes dans de l'eau chaude poivrée pour les insensibiliser avant de les couper à l'aide d'une lame incurvée trempée dans du jus de citron antiseptique. La blessure était obturée à l'aide d'un bouchon en argent et l'homme était promené des heures durant avant d'être autorisé à se reposer. Trois jours plus tard, le bouchon était retiré. Le processus de la castration était si radical que quand le castré survivait (dans peut-être la moitié des cas), il n'était plus jamais capable d'uriner debout autrement qu'à travers une plume d'oie.

Dussent les titulaires de pénis se montrer sceptiques, la Chine, l'Inde et Byzance ne souffraient aucunement de pénurie de candidats au statut d'eunuque : de fait, il était préférable de vivre à l'abri des murs d'un palais avec une partie ou moins de son attirail qu'hors les murs avec la totalité mais dans une misère noire. La perspective de richesse et de réussite attirait, et les parents qui avaient plusieurs fils en faisaient souvent castrer un ou plusieurs dans l'espoir de les faire entrer au service des puissants. En 1664, on enregistra ainsi vingt mille demandes pour les trois mille places d'eunuques vacantes dans la Cité interdite – qui en employait à l'époque soixante-dix mille. Un eunuque avait la possibilité d'atteindre le rang d'administrateur, d'obtenir un commandement militaire ou même de devenir conseiller privé du souverain, et à Byzance, la considération à l'égard des eunuques, supposés incorruptibles, était telle que huit des plus hautes charges de l'empire leur étaient réservées.

Les Empires ottoman et chinois disparurent au début du XXe siècle, et avec eux le temps des eunuques. Les derniers encore employés dans la Cité interdite la quittèrent en masse en 1912, chacun d'eux emportant une poterie contenant ses organes sectionnés (connus en termes euphémistiques sous le nom de « précieux trésor ») et conservés dans l'alcool, afin d'être enterré avec eux et pouvoir ainsi renaître dans son entièreté.

Dès le IXe siècle, des eunuques chantèrent dans les chorales chrétiennes byzantines. Comme le reste de leur corps, le larynx des hommes privés de leurs testicules ne se développait pas de façon normale et leur voix ne muait pas tout en acquérant une puissance extraordinaire. Lorsque, au XVIe siècle, les Italiens commencèrent à écrire des polyphonies complexes, les chefs de chœur, à qui il était interdit par un édit papal de recruter des femmes, firent secrètement appel à des castrats. La castration était en effet illégale – mais assurément pas inconnue : les mères italiennes par trop démunies avaient parfois un fils castré à céder à des marchands turcs qui leur en proposaient un bon prix. On ne sera pas surpris d'apprendre qu'aucun de ceux qui postulaient à une place dans ces chorales n'avait perdu ses attributs à l'occasion d'une visite chez un barbier local qui l'aurait gavé d'opium avant de lui ôter sa virilité – non, tous avaient été victimes d'un tragique « accident ».

L'ablation prépubère des testicules offrait un avantage : les castrats ne devenaient jamais chauves et, si l'on en croit les données statistiques, ils vivaient en moyenne treize années de plus que les autres hommes. Et puis vint le XVIIe siècle qui fit de certains d'entre eux les vedettes de l'opéra italien (« Vive le couteau ! » hurlaient les foules enamourées), le plus fameux devenant même immensément riche. Les femmes se disputaient les faveurs des castrats et, quoique les récits de leurs conquêtes soient parfois exagérés, certains furent comblés sur le plan sexuel – perdre ses testicules ne signifie pas pour autant perdre la capacité à avoir des érections, ni même à éjaculer. Ce que Juvénal écrivait des matrones et des jeunes filles romaines était également vrai des dames italiennes : « Elles adorent les peu virils eunuques – si doux, si imberbes quand on les embrasse, et de plus nul problème d'avortement. »

La condition de castrat présentait malgré tout des désavantages, en plus de l'incapacité à procréer. Les déséquilibres hormonaux consécutifs à la castration entraînaient l'apparition d'une poitrine et de hanches féminines. Les castrats étaient en outre dotés d'une vessie de faible contenance et d'une vision médiocre. Imberbes, ils avaient souvent une tête inhabituellement petite et souffraient, pour beaucoup, de macroskélie – maladie caractérisée par une croissance prolongée des os de la cage thoracique, des bras et des jambes – si bien que les bras de certains castrats leur descendaient jusqu'aux genoux. Sur scène, ils dépassaient généralement d'une tête les autres chanteurs, spectacle plutôt insolite quand ils interprétaient des rôles de femmes. La vogue des castrats dans l'opéra s'acheva au début du XIXe siècle, quand les goûts en matière de musique changèrent et qu'apparurent les divas, à une époque où l'on estime que cinq ou six mille garçons étaient chaque année victimes d'un « accident ». Le tout dernier castrat ne quitta cependant la chorale de la chapelle Sixtine qu'en 1913 – une succession de papes ayant préféré continuer à détourner les yeux pour la plus grande gloire de Dieu.

On trouve à chaque période de l'Histoire des hommes prêts à sacrifier à la castration pour honorer leurs croyances religieuses. Ce fut le cas des prêtres de nombreuses civilisations, dont ceux du culte romain de Cybèle au cours duquel les novices se castraient eux-mêmes lors de la cérémonie annuelle et publique dite du « jour du sang ». Par extraordinaire, alors que jouaient les flûtes et que résonnaient les tambours, des spectateurs entraient en transe au point de se joindre à la cérémonie. Selon James Frazer, « les veines palpitant au rythme de la musique, les yeux hypnotisés par le spectacle du sang, un homme à la suite de l'autre arrachait ses vêtements, bondissait en hurlant et, s'emparant d'un des glaives qui attendaient de remplir leur office, se castrait lui-même sur-le-champ » (*Le Rameau d'or*).

Les premiers chrétiens étaient obsédés par la castration en tant que moyen ultime d'atteindre la chasteté

(« Et il est des eunuques qui se sont rendus eux-mêmes eunuques pour la gloire du royaume du paradis », Matthieu 19, 12) ; parmi eux, on peut citer le théologien d'Alexandrie Origène, au IIIe siècle. Quinze cents ans plus tard, les skoptzis russes quittèrent l'Église orthodoxe pour mettre en pratique la même interprétation de la Bible, leur secte survivant jusqu'au XXe siècle. Les Karamojongs du nord de l'Ouganda et les sadhus sacrés toujours influents en Inde et au Népal ont quant à eux une autre manière de mettre leur pénis hors service : dès leur plus jeune âge, ils lui suspendent de lourds poids jusqu'à ce qu'il atteigne une longueur de plus de soixante centimètres et qu'ils puissent y faire un nœud – certains sadhus transportent leur pénis dans un panier à linge.

Il arrive encore que quelques religieux extrémistes occidentaux soumettent volontairement leurs parties génitales (testicules et/ou pénis) à une lame. Et puis, de temps à autre, on voit débarquer aux urgences un ivrogne qui s'est coupé un testicule, quand ce n'est pas les deux, juste parce que cela lui paraissait une bonne idée sur le moment, bien souvent à la suite d'un pari. Ceux qui se castrent intégralement sont le plus souvent des hommes mentalement perturbés, ou encore des transsexuels désespérés, convaincus qu'ils vivent dans un corps qui n'est pas fait pour eux.

Au cours des siècles, la médecine n'a de son côté jamais rechigné à pratiquer l'ablation des testicules dans le but de prévenir ou de guérir un grand nombre de maladies. Au Moyen Âge, la castration constituait un traitement classique contre les hernies (comme le percement des testicules pour traiter les victimes de la peste bubonique). Les médecins français castraient régulièrement leurs patients souffrant de la lèpre, de rhumatismes ou de la goutte. Les hommes de l'art ont eu quelque difficulté à renoncer à l'idée que les testicules jouaient un rôle dans des pathologies ou des anomalies corporelles pourtant sans aucun rapport avec eux. Aussi tardivement qu'au début du XXe siècle, on castrait ainsi en Amérique les alcooliques, les épileptiques, les malades mentaux ou les onanistes compulsifs – à l'exemple, en l'occurrence, de l'Angleterre victorienne où cette pratique avait été fortement encouragée.

Il y a un demi-siècle, posséder un micropénis représentait une calamité, si bien que la façon la plus commune de régler les cas extrêmes (pratiquement pas de verge, le gland quasiment plaqué à la peau pubienne) était le changement de sexe : les testicules et le semblant de pénis étaient retirés, un vagin artificiel était modelé et l'on annonçait à l'intéressé qu'il était désormais une fille avant de lui prescrire à vie des hormones femelles. De nos jours, la chirurgie de pointe peut agrandir un organe anormalement petit et lui faire atteindre une dimension proche de la normale en utilisant les muscles de l'avant-bras, et ce sans perte de sensations érogènes. La revue *New Scientist* rapporta, en 2004, que les hommes ainsi transformés sont désormais aptes à « profiter d'une vie sexuelle pleine et entière et à uriner debout, certains pour la première fois ».

LE PÉNIS NÉVROSÉ

Tout dans la tête

Le pénis d'un homme peut-il lui être dérobé au moyen de la sorcellerie ? Il semble bien que cela ait été jadis une crainte universellement répandue. Elle est prédominante dans les légendes populaires des sociétés pré-alphabétisées et on la trouve dans d'anciens textes médicaux chinois. Elle faisait partie du paysage mental de l'Europe médiévale et entraîna la condamnation au bûcher de centaines de sorcières accusées de vol de pénis. Dans *Le Marteau des sorcières,* traité du XVe siècle consacré aux pratiques de sorcellerie, le moine dominicain allemand Jacob Sprenger affirmait :

> Les sorcières collectionnent les organes mâles en grand nombre, jusqu'à vingt ou trente membres à la fois, et les placent dans un nid d'oiseau ou les enferment dans une boîte où ils s'agitent comme des membres vivants et mangent du blé ou du maïs, ainsi qu'on a pu le vérifier maintes fois et qu'il est de notoriété publique… Un homme déclare

qu'après avoir perdu son membre, il alla voir une sorcière bien connue afin qu'elle le lui répare. Elle lui conseilla de grimper sur un certain arbre afin d'y choisir celui qu'il préférait dans un nid contenant plusieurs membres. Mais lorsqu'il voulut en prendre un gros, la sorcière lui dit : « Tu ne peux pas prendre celui-là, il appartient au curé d'une paroisse. »

La pensée médiévale était à ce point taraudée par cette question que l'on croyait que les sorcières avaient des relations sexuelles avec le diable – lequel, affirmaient certains, avait à l'arrière du corps un pénis recouvert d'écailles, tandis que d'autres le décrétaient fourchu ou allaient même jusqu'à prétendre qu'il en possédait deux afin de pouvoir pratiquer une double pénétration. Le sperme du diable était réputé froid comme de la glace et équivaloir en quantité à celui d'un millier d'hommes. Freud pensait que le balai des sorcières était en fait une métaphore pour désigner le « grand Seigneur Pénis ».

Dans le monde moderne, les troubles délirants associés au vol de pénis sont principalement concentrés dans les régions de l'Afrique occidentale et centrale. D'autres, observables en Malaisie, à Bornéo et dans le sud de l'Inde et de la Chine, découlent d'une anxiété légèrement différente – par exemple la croyance qu'il est possible pour le pénis de se recroqueviller à l'intérieur de l'abdomen pour tuer son possesseur et le transformer en fantôme. On assiste périodiquement à des vagues d'hystérie qui balaient des villes, voire des régions entières. Ainsi, alors qu'un cas de ce genre venait d'être signalé dans la capitale soudanaise Khartoum, la vox populi recommanda aux hommes de ne surtout pas serrer la main d'un « mystérieux Africain de l'Ouest » dont la poignée de main faisait fondre les parties génitales. D'innombrables hommes qui se croyaient atteints réclamèrent un traitement médical. En Afrique, de supposés voleurs de pénis sont régulièrement pendus et immolés par le feu, victimes de foules déchaînées. Si le « mystérieux Africain de l'Ouest » ne fut jamais découvert, c'est parce qu'il s'agissait tout bonnement d'un canular propagé par textos.

Les anthropologues qualifient cette panique pénienne de « syndrome culturel » ; les habitants du Sud-Est asiatique, eux, la nomment *kora*, « tête de la tortue » en malais. De temps à autre, la *kora* fait affluer vers les services de consultation des hommes terrifiés, comme ce fut le cas à Singapour, en 1967, au cours d'une période anormale de froid. Froid qui, tout naturellement, rétracte les parties génitales. Mais des centaines d'hommes, convaincus que la cause de la rétractation de leurs parties était tout autre, se ruèrent vers les hôpitaux, la plupart une main dans la poche de leur pantalon ou sous leur dhoti, d'autres portant une ficelle sous leurs vêtements (voire portant une pierre au bout de cette ficelle), quelques-uns, toute honte bue, se tenant le membre à deux mains, tandis que ceux qui ne voulaient vraiment courir aucun risque allaient jusqu'à se passer une épingle à nourrice à travers le gland. Lors de ce qui fut probablement la plus grande manifestation de paranoïa *kora* des temps modernes, en 1984-1985, cinq mille hommes de la province chinoise du Guangdong eurent recours à de semblables mesures préventives.

Plongée dans l'inconnu

Si les hommes sont en mal de sexe, ils ont depuis la nuit des temps manifesté de l'appréhension à son endroit. Bien avant Freud et la théorie psychanalytique, les hommes primitifs pensaient que les organes sexuels de la femme résultaient d'une castration – et que le même destin pourrait bien les guetter s'ils s'y aventuraient.

Le vagin était de fait considéré comme un lieu de ténèbres procréatrices, un endroit sinistre duquel du sang ruisselait périodiquement comme d'une blessure. Le médiéval *De secretis mulierum* (Des secrets des femmes) d'Albert le Grand conseillait aux hommes de ne pas avoir de rapports sexuels avec les femmes pendant leurs menstrues, car celles-ci sécrétaient une telle quantité de poison qu'elles pouvaient inoculer la lèpre ou le cancer. Dans la pensée musulmane, le vagin était si diabolique qu'un homme pouvait devenir aveugle après l'avoir regardé. Partout dans le monde, des hommes croyaient que franchir son seuil pour la première fois pouvait s'avérer dangereux. Dans de nombreux pays, et encore aujourd'hui dans certaines régions d'Afrique ou d'Inde, le risque associé à la défloraison d'une future épousée était endossé par un homme plus âgé, le chef du village ou le seigneur féodal ou bien encore un ministre du culte dont la position éminente était censée annihiler le mal tapi à l'intérieur – une croyance sans nul doute encouragée par les hommes plus âgés, les chefs de village, les seigneurs féodaux et les ministres du culte. En Orient, les hommes des castes supérieures ordonnaient parfois à un esclave – taillable et corvéable à merci – de se charger du « problème ».

Dans certains pays où cette stratégie défensive était courante, une pratique concurrente voulait qu'il revienne aux mâles dominants de cueillir les « premiers fruits de l'épousée » lors de sa nuit de noces. Selon l'épopée de Gilgamesh, il y a plus de quatre mille ans, le peuple d'Uruk (l'Irak d'aujourd'hui) voyait pour le moins d'un mauvais œil l'insistance que le roi mettait à « être le premier et que le mari suive ».

L'historien grec Hérodote pensait que cette coutume était spécifique à une obscure tribu libyenne, mais elle était en fait largement répandue dans le monde antique – et l'on a pu en avoir des exemples pratiquement jusqu'à nos jours, notamment dans l'Empire ottoman, interface entre l'Orient et l'Occident pendant six siècles jusqu'au début du XXe, ainsi qu'en Arménie occidentale où les chefs kurdes se réservaient le droit de mettre les jeunes mariées dans leur lit lors de leur nuit de noces.

Bon nombre d'écrits affirment que le « droit de la première nuit » (*jus primae noctis*) se pratiquait dans l'Europe médiévale, mais il n'en existe pas de preuve irréfutable (c'est à Voltaire que l'on doit la propagation à grande échelle de cette affirmation, lui qui, au XVIIIe siècle, la considérait comme historiquement attestée). Il existe cependant des preuves qu'un seigneur avait le droit de s'étendre sur le lit d'une jeune mariée et de poser sa jambe nue sur elle (*droit de jambage* ou *de cuissage*[*]) ; dans certaines régions, la jeune épousée devait s'acquitter d'une contribution (*legewite* en droit anglo-saxon, soit « taxe pour s'allonger ») pour prix de la perte de sa – supposée – virginité au profit d'un autre.

Cette contribution était symbolique et avait en réalité plus à voir avec l'affirmation du pouvoir seigneurial sur la paysannerie – en même temps qu'elle offre une interprétation inattendue de l'expression « jambes en l'air ».

Les hommes redoutaient également que ce vagin auquel on attribuait déjà tant de mystérieux pouvoirs sexuels (n'attirait-il pas l'organe de l'homme pour l'absorber, le traire et le recracher tout mou ?) puisse s'avérer insatiable. « Il est trois choses qui sont insatiables : le désert, la tombe et la vulve des femmes », affirme un proverbe musulman. Et c'était de fait le monde arabe qui souffrait de la peur la plus terrible du vagin vorace. « J'ai vu sa vulve, se lamente un amant dans le chef-d'œuvre du XVe siècle *Le Jardin parfumé*. Elle s'ouvrait comme celle d'une jument à l'approche d'un étalon. » L'auteur avertissait ses lecteurs : « Folles de désir et de luxure, certaines vulves se jettent sur le membre qui s'approche d'elles. » L'Europe était victime d'une angoisse semblable au sujet d'une insatiabilité dont on disait que chez certaines femmes elle pouvait faire atteindre à leur clitoris la taille d'un sexe d'homme. « Bien qu'étant de plus faibles récipients, écrivit à ce propos le musicien élisabéthain Thomas Whythorne, elles sont cependant capables d'accueillir deux, trois ou quatre hommes pour satisfaire leurs appétits charnels. »

Dans un traité médical très lu au XVIIe siècle, Thomas Bartholin déclara qu'en prélude aux rapports, le vagin « bée avant d'accueillir la verge tout comme une bête bée devant de la nourriture ». Bête ou encore oiseau vorace, ainsi que le dira quatre cents ans plus tard Mellors en parlant à Lady Chatterley de ses rapports avec son épouse : « Et c'est comme si elle me déchirait là, comme si un bec me déchirait. Par Dieu, on croit qu'une femme est en son bas aussi douce qu'une figue. Mais moi je vous le dis, ces vieilles chattes ont des becs entre les jambes. » Ou, pire encore, des dents. Car on croyait au Moyen Âge qu'avec l'aide de la lune et d'incantations magiques, certaines sorcières avaient le pouvoir de se faire pousser des dents vaginales avec lesquelles elles déchiquetaient les hommes ; dans les mythes et légendes de nombreuses nations, de la Chine à l'Amérique du Nord mais tout particulièrement dans le Sud-Est asiatique, des vagins dentés ou même armés castrent ou tuent leurs partenaires sexuels.

Pour certains hommes, une angoisse certes moins forte mais tout aussi réelle fut et demeure la possibilité que le vagin ne les laisse plus partir. Dans *Le Deuxième Sexe*, Simone de Beauvoir décrit la nervosité des jeunes hommes qui s'aventurent « dans l'obscurité secrète des femmes et ressentent la même terreur qu'ils éprouvaient enfants au seuil d'une cave ou d'un tombeau », ainsi que leur peur que « leur pénis gonflé puisse se trouver emprisonné dans ce fourreau muqueux ». Bien que ce ne soit généralement là qu'une crainte due à l'inexpérience, le syndrome du « pénis captif » (*penis captivus*), qui est bien souvent considéré comme un mythe, peut effectivement devenir une réalité. Dans de rares cas, les muscles releveurs de l'anus situés de chaque côté du vagin peuvent si fortement se contracter qu'il devient impossible pour l'homme de se retirer et pour son pénis de retourner à l'état flaccide. En 1980, le *British Medical Journal* publia une importante correspondance témoignant de telles expériences vécues, y compris une lettre d'un médecin se rappelant qu'interne au Royal Isle of Wight County Hospital, un jeune couple en voyage de noces lui avait été amené sur un brancard. On prétend que Lady Edwina Mountbatten et son amant noir, la vedette de cabaret Leslie « Hutch » Hutchinson – qui, confia un Lord Mountbatten larmoyant au chef d'orchestre d'un cabaret dans lequel il s'enivrait, « a une bite comme un tronc d'arbre et baise ma femme » –, se trouvèrent dans la même situation embarrassante dans un hôtel londonien au cours des années 1930 ; ils auraient été discrètement évacués afin que la médecine puisse les séparer l'un de l'autre.

Piège à venin

L'anxiété des hommes en rapport avec leurs rencontres sexuelles ne s'apaise en aucun cas au moment du retrait. Le spectre des maladies vénériennes (que les Égyptiens nommaient « maladies copulatoires ») a de tout temps plané au-dessus de leur tête. Si la gonorrhée était très répandue en Europe dès avant le Moyen Âge, les choses empirèrent de façon spectaculaire au cours de la dernière décennie du XVe siècle : une épidémie soudaine de maladies vénériennes, soit rapportées du Nouveau Monde par les marins de Christophe Colomb, soit forme mutante d'une affection préexistante (il y a débat), se propagea telle une peste.

Quelques jours seulement après la contamination, causée comme nous le savons aujourd'hui par la bactérie tréponème pâle, une petite ulcération circulaire appelée « chancre » apparaissait sur le pénis. Quelques semaines plus tard, des poches de pus apparaissaient à leur tour sur tout le corps, depuis la tête jusqu'aux genoux, tandis que la chair se détachait du visage. La grande vérole (pour la distinguer de la petite vérole, qui présente certaines caractéristiques communes) tua rapidement des milliers de gens – aussi bien hommes que femmes, les premiers accusant bien entendu les secondes, dont ils pensaient qu'elles ne les infectaient pas seulement eux, mais que, de surcroît, elles s'auto-infectaient. La croyance populaire voulait que le contact avec le sang menstruel constitue le principal danger. C'était deux cents ans avant qu'il devienne manifeste que les hommes pouvaient eux aussi infecter les femmes.

La grande vérole se fit un peu moins virulente au bout d'une centaine d'années – une rougeur couleur de jambon cru s'étendait sur tout le corps en lieu et place des pustules, et la mort pouvait désormais ne plus survenir qu'au bout d'une vingtaine d'années. Certains ont pourtant dû ardemment souhaiter qu'il n'en aille pas ainsi : des ganglions provoqués par des glandes lymphatiques infectées pouvaient apparaître en tout endroit du corps, de même que des douleurs osseuses et des verrues dans la région anale ; la peau du pénis pouvait s'ulcérer jusqu'à ce qu'il devienne obligatoire de l'amputer. Bien entendu, l'épidémie présentait divers niveaux de gravité et le malade jouissait généralement d'une rémission prolongée durant laquelle il paraissait mieux se porter. Et puis des tumeurs se développaient dans les tissus mous et dans les viscères et l'on pouvait voir apparaître de nombreux symptômes, au nombre desquels des angors provoqués par la dilatation de l'aorte, des problèmes de cécité, de surdité ou d'engourdissement des jambes conduisant à la paralysie... et à la folie.

Les traitements prescrits étaient l'isolement, la diète, les lavements – et le mercure : potions au mercure à ingérer, bains de vapeur au mercure, baumes au mercure dont s'oindre la peau et le pénis. Quand les bragues envahirent les cours européennes, celles de certains malades étaient de vraies armoires à pharmacie, les pénis qu'elles dissimulaient étant emmaillotés dans des bandages traités au mercure. Le mercure, hautement toxique (et inefficace), ne faisait qu'ajouter aux souffrances des malades, particulièrement au XVIIIe siècle, époque où la grande vérole fut rebaptisée « syphilis » : les doses ingérées devinrent si élevées que mâchoire, langue et palais en étaient ulcérés ; les dents et les cheveux tombaient, et les nez étaient détruits – les orfèvres en fabriquaient de faux pour dissimuler le trou laissé par leur disparition.

Connue sous le nom populaire de « chaude-pisse » et provoquée par la bactérie gonocoque, la gonorrhée était dix fois plus répandue que la syphilis, mais quoique débilitants, ses symptômes étaient infiniment moins cruels : un écoulement pénien d'un jaune caractéristique, des mictions douloureuses, une dilatation et un important amollissement des testicules ; dans tous les cafés londoniens de la Restauration, on entendait parler de « mal aux couilles ». Jusqu'à la fin du XVe siècle, on traitait la « chaude-pisse » de façon aléatoire, du bain des parties génitales dans du vinaigre à l'introduction du pénis dans un poulet fraîchement tué. Par la suite, le mercure devint, là encore, le remède de prédilection, accompagné de saignées, de diètes draconiennes, de bains de vapeur et de repos sous autant de couvertures qu'il était possible d'en supporter. Par chance, le pénis purulent s'assainissait en un mois ou deux à la manière d'un nez qui coule, avant que le mercure ait eu le temps de faire trop de ravages. Mais les cicatrices laissées par l'infection pouvaient créer des brides (bandes fibreuses) qui rétrécissaient le conduit urinaire et nécessitaient ultérieurement sa douloureuse dilatation à l'aide d'un crochet métallique.

Pendant plusieurs centaines d'années, les vénérologues avertirent que « si l'homme reste longtemps dans le corps de la femme et, en raison des excessives extase, chaleur et satiété, se perd et se complaît dans le coït... c'est là une manière bien plus sûre d'attirer le Venin que de vite se retirer ». Il était plus encore recommandé d'éviter les femmes trop exaltées. On mettait les hommes en garde contre la dangerosité des femmes qui aimaient le coït – donnant corps à la schizophrénique croyance victorienne, exprimée par le médecin William Acton, selon laquelle affirmer « qu'une femme vertueuse est capable d'éprouver des émois sexuels n'est que vile calomnie ».

Les traitements antivénériens devinrent plus efficaces au cours du XIXe siècle et au début du XXe, mais ce n'est qu'avec l'apparition de la pénicilline pendant la Seconde Guerre mondiale que la syphilis et la gonorrhée parurent enfin vaincues – jusqu'à ce qu'au cours des dernières décennies, les maladies sexuellement transmissibles se mettent à proliférer et deviennent de plus en plus résistantes non seulement à la pénicilline, mais également aux antibiotiques mis au point par la suite.

On pourrait penser que dans de telles circonstances et dans l'intérêt de tous, l'emploi d'une protection irait de soi pour les hommes ; pour reprendre en les inversant les doléances que formula au XVIIe siècle Mme de Sévigné à l'encontre des préservatifs, ceux qui sont disponibles aujourd'hui, toiles d'araignée entre les partenaires et un plaisir absolu, sont surtout des armures contre les infections. Mais de même que bon nombre de ceux qui emploient des protections n'y recourent pas systématiquement, de même d'autres les refusent tout simplement – ceux d'âge moyen étant les plus fautifs, car en principe les moins susceptibles d'utiliser un préservatif avec un nouveau partenaire. C'est comme si le possesseur de pénis éprouvait une sorte d'aversion génétiquement programmée et considérait son membre habillé d'un préservatif comme quelque chose qui rappellerait le *Cri* de Munch. Il aura beau employer un vocabulaire différent, il ressemble au fond à ses ancêtres qui préféraient risquer de passer « une nuit avec Vénus et le reste avec Mercure » – pour terminer avec leur « pique bravement tordue », comme le dit Shakespeare.

Au cours des siècles lointains, les hommes ont pu faire valoir quelques excuses pour expliquer leur comportement. Ils ignoraient à la fois qu'ils transmettaient les maladies vénériennes et qu'ils pouvaient être infectés par elles. Et puis, avant la vulcanisation du caoutchouc, le préservatif était une solution peu engageante. Le tout premier, après l'apparition de la grande vérole (vendu à titre préventif contre la maladie et non comme moyen de contraception), était une capuche en lin fort peu pratique qui s'ajustait de façon précaire sur le gland et la peau de la verge et était maintenue en place par des rubans noués autour du scrotum. Il était encore très employé au XVIIIe siècle (des rubans aux couleurs de leur régiment étant disponibles pour les militaires) et continuait de ne procurer qu'une « morne satisfaction », ainsi que l'écrivit James Boswell – qui le négligeait la plupart du temps et contracta dix-sept fois la chaude-pisse en neuf ans. Plus tard, les préservatifs en boyau de mouton lavable furent presque aussi déplaisants à revêtir. « Bien souvent, mon outil aussi dur que du fer forgé piquait du nez dès que le boyau humide le touchait », commenta l'anonyme victorien Walter dans *Ma vie secrète*, ses possiblement fictifs Mémoires. Lui aussi « chevauchait à cru » et en acceptait les conséquences, attrapant régulièrement « des chaudes-pisses qui me laissaient sur le flanc pendant quelques semaines et m'obligeaient une fois de plus à faire ouvrir mon tuyau à pisse à l'aide de sondes chirurgicales ».

Jeu, set et faute

Il est possible que les hommes se soient débarrassés de leurs plus grandes terreurs concernant la sexualité des femmes. Et pourtant, aussi aguerris, aussi à l'aise avec la taille de leur pénis et confiants en sa coopération soient-ils, ils n'en pénètrent pas moins en territoire sexuel inconnu à chaque nouvelle relation et parfois même avec une partenaire qu'ils connaissent bien.

Leur problème réside dans le décalage qui existe entre la sexualité des femmes et la leur. Alors que les femmes ont besoin d'une stimulation qui implique tout leur corps, les hommes ne désirent rien de plus qu'une brève friction pénienne avant d'en arriver au plus vite au rapport sexuel – raison pour laquelle, il y a deux mille ans, Ovide leur conseillait de « ne pas naviguer trop vite en laissant sa maîtresse à la traîne ». Sauf s'ils ont fini par acquérir à la fois considération pour leur partenaire et sens de la retenue, l'intérêt des possesseurs de pénis pour les préliminaires peut s'avérer des plus limités. Ainsi que l'a formulé une femme : « Un bref frottement sur le clitoris, comme s'ils voulaient l'effacer, et quelques tâtonnements aux alentours du point G – quand ils en ont entendu parler » avant d'attaquer le boulot de pénétration et d'éjaculation. Comme l'écrit le sexologue Magnus Hirschfeld : « Tout autre préliminaire n'est qu'une corvée ridicule. »

Ainsi, les hommes en ont terminé en moyenne cinq fois plus vite qu'il ne serait nécessaire à une femme pour atteindre l'orgasme (*cf.* 4e partie) ; il n'est donc guère surprenant que les femmes pensent fréquemment des hommes qu'ils ne sont que de parfaits égoïstes – « L'activité, l'orgasme étaient entièrement de son fait, entièrement de son fait » (D. H. Lawrence, *L'Amant de Lady Chatterley*). Quand on demanda à la comédienne Lillie Langtry, maîtresse d'Édouard VII au temps où celui-ci était encore prince de Galles, si ce dernier était un amant attentionné, elle répondit : « Non, un droit-au-but. » Ce qui est probablement le cas de la majorité des hommes.

Les hommes seraient-ils dépourvus de l'intelligence émotionnelle nécessaire pour comprendre les besoins sexuels de la femme ? L'accusation a souvent été portée (le féminisme a décrit le pénis comme étant « l'œil qui voit tout mais ne comprend rien »). Bien que sachant pertinemment que l'orgasme féminin est clitoridien et non pas vaginal, les hommes trouvent difficile d'accepter que le lieu de la jouissance d'une partenaire, le clitoris, ne soit pas celui où a lieu le rapport sexuel, le côté imprévisible de l'orgasme féminin demeurant pour eux un mystère. Beaucoup continuent donc de croire que c'est en plongeant au plus profond d'un corps de femme que le pénis devrait faire chavirer celle-ci. Chavirer telle Jordana, l'héroïne du roman *Le Pirate* de Harold Robbins (un exemple entre mille), qui lorsque les « magnifiques vingt-cinq centimètres » du gigolo Jacques « la besognent comme un marteau-pilon » se met de façon prévisible à « hurler tandis qu'un orgasme après l'autre la déchire » jusqu'à ce qu'« enfin elle n'en puisse plus. “Arrête, cria-t-elle. S'il te plaît, arrête”. » Lorsqu'une femme ne se pâme pas – et, si l'on en croit l'importante enquête *Sex in America* réalisée en 1994, la moitié seulement des femmes éprouvent des orgasmes, dont la moitié uniquement de façon régulière, tandis que 19 % n'en ont jamais –, les hommes ont tendance à croire que c'est parce qu'elle a « la tête ailleurs » (Kinsey). Et ils en éprouvent du mécontentement, ce qui explique pourquoi, toujours d'après *Sex in America*, la moitié des femmes simulent – « Oui, oui, oui ! » – pour leur faire plaisir. Les mâles hétérosexuels peuvent de temps à autre avoir quelque doute, et ce quelle que soit la façon dont se sont déroulées les choses, sur le fait que leur partenaire ait réellement éprouvé plus de satisfaction qu'eux-mêmes.

Sans doute à juste titre, puisque, aussi humiliant cela puisse-t-il être pour les possesseurs de pénis, un sondage effectué en 2009 révèle que 29 % des femmes affirment tirer plus de plaisir de la nourriture que du sexe.

Et pourtant le potentiel des femmes en matière de sexualité est plus important que celui des hommes. Après un seul orgasme, l'homme a besoin d'un temps de repos ; son pénis s'amollit et il ne se montre plus réactif. Alors qu'une femme est capable de rebondir d'orgasme en orgasme comme une pierre ricochant sur l'eau jusqu'à ce qu'elle soit physiquement épuisée, et ce même à un âge avancé : Kinsey évoquait l'exemple d'une sexagénaire qui, grâce à la masturbation et aux rapports sexuels, était capable de connaître vingt orgasmes en autant de minutes.

Des décennies durant, les féministes ont proclamé la supériorité de la sexualité des femmes – et en particulier celle du clitoris sur le pénis. Ce petit organe en forme de bourgeon, dissimulé dans les plis supérieurs des lèvres, est non seulement virtuellement inépuisable, ont-elles affirmé, mais il est également « le seul organe humain exclusivement conçu pour le plaisir » – il contient, de surcroît, deux fois plus de terminaisons nerveuses que le pénis. Si Freud n'avait pas pensé que « le soleil tourne autour du pénis », comme l'écrivit Erica Jong, il aurait pu fonder sa théorie sur l'envie masculine de clitoris plutôt que sur l'envie féminine de pénis. C'est en pratique, ont fait remarquer les féministes, le sexe de la femme que la tribu australienne aranda sacralise à travers l'excision rituelle de l'urètre, au cours de laquelle la partie inférieure du pénis est incisée, souvent sur toute sa longueur, afin que l'initié puisse dérober le pouvoir des femmes – en aborigène, « pénis fendu » dérive en effet du mot « vagin ». Histoire d'en rajouter une couche, les féministes ont également fait valoir que les paramètres par défaut de la vie humaine sont féminins – que, in utero, chaque pénis commence par être un clitoris avant que les hormones « sexualisent » le cerveau du mâle à naître, et que la masculinité n'est au bout du compte qu'une sorte de défaut de naissance. Le pénis ne serait en réalité qu'un « clitoris allongé » qui conserve la marque de son héritage féminin : son épiderme sombre et la mince crête ou couture connue sous le nom de « raphé » qui court du scrotum à l'anus sont des vestiges du scellement des lèvres vaginales.

Les féministes se sont également délectées des conclusions de Kinsey, selon qui les hommes atteindraient leur maturité sexuelle entre quinze et dix-sept ans tandis que les femmes ne seraient pas pleinement réactives avant trente ans, âge auquel l'homme aurait déjà entamé son déclin.

Mettant l'accent sur le caractère imprévisible et les limites du pénis, les féministes des années 1970 ont chanté les vertus du vibromasseur grâce auquel, comme l'ont découvert Masters et Johnson, les femmes peuvent atteindre jusqu'à cinquante orgasmes consécutifs. Une publicité dans un quotidien anglais clamait : « [Le vibromasseur] ne traîne pas dehors avec ses copains. Il n'est jamais trop fatigué. Et il est toujours disponible. » Aux États-Unis, les féministes ajoutaient qu'« aucun pénis ne peut effectuer trois mille tours-minute ni n'est équipé d'un stimulateur clitoridien externe » et laissaient entendre que les hommes constituaient de fait un obstacle au plaisir sexuel féminin : « Une femme a autant besoin d'un homme qu'un poisson d'une bicyclette. » Le slogan est demeuré fameux. Les hommes pourraient à bon droit rétorquer que le vibromasseur est au pénis ce que la lune est au soleil : il lui ressemble, la chaleur en moins. Mais ils préféreront sûrement réagir comme le firent un certain nombre d'entre eux à l'occasion d'une exposition de peintures sexuelles de Betty Dodson : ils se montrèrent volontiers « agressifs et rivalisèrent de commentaires » devant l'une d'elles qui représentait une femme utilisant ce genre d'appareil, « un viril étalon affirmant avec emphase : "Si c'était ma gonzesse, elle aurait pas besoin d'utiliser *ce truc-là*" » (*Sex for One*).

Quelles que soient les angoisses secrètes des possesseurs de pénis au sujet de la taille et de l'apparence de leur organe, ces appréhensions ne sont rien en comparaison de celles relatives à leurs performances. Pourtant, leur capacité à s'illusionner est plus grande encore. Ils font penser à ces golfeurs qui, se rappelant avoir un jour atteint le green en un coup, se convainquent que c'est là leur niveau habituel et oublient leurs innombrables coups dévissés. Sexuellement parlant, la plupart des hommes aiment à penser qu'ils jouent au-dessous du par ou que, comme un personnage du *Lysistrata* d'Aristophane, « leur bite est un authentique Hercule invité à dîner ». À quoi l'historienne féministe Rosalind Miles rétorque qu'il vaudrait mieux le surnommer « Phallus au Pays des Merveilles ».

Puiser... épuiser

Des siècles durant, on a affirmé aux hommes que leur réserve de sperme était sévèrement rationnée et que non contentes d'assécher cette réserve, de fréquentes éjaculations endommageaient leurs vaisseaux sanguins, les affaiblissaient (en Chine, on affirmait qu'elles privaient leur cerveau d'alimentation) et pouvaient même écourter leur vie. En Orient, les hommes apprenaient des techniques de yoga destinées à les faire accéder au plaisir sans émission de semence – en Inde, un pratiquant aguerri devait être capable de fumer la pipe pendant le coït sans avoir à s'inquiéter d'éjaculer.

Pareille discipline ne convenait pas aux Occidentaux : ils éjaculaient chaque fois qu'ils en avaient l'occasion, et ensuite seulement ils se souciaient de savoir si leurs « dépenses » (un terme élisabéthain) n'avaient pas mis leur compte dans le rouge.

Les rapports sexuels n'étaient bien entendu pas la seule occasion de retrait : les pollutions nocturnes involontaires comme la masturbation, tout à fait volontaire, elle, en constituaient d'autres.

Les pollutions nocturnes inquiétaient à ce point certains Grecs et Romains qu'ils dormaient avec des lingots de plomb plats posés sur leurs parties génitales, leur « frileuse nature » contribuant, selon Pline l'Ancien, à « atténuer les assauts de passion vénérienne et les rêves libidineux qui provoquent des émissions spontanées ». Les pollutions nocturnes inquiétaient également à ce point les hommes du Moyen Âge, convaincus qu'elles advenaient parce qu'un succube (démon femelle) avait eu des rapports avec eux pendant leur sommeil, qu'ils plaçaient une éponge gorgée de vinaigre entre leurs cuisses avant de se coucher, une protection, croyaient ou espéraient-ils, contre les assauts sexuels démoniaques de la nuit. Plus civilisés, les médecins de l'époque victorienne affirmaient aux hommes que les pollutions nocturnes pouvaient être évitées en « s'efforçant de ne faire que des rêves purs ».

Si les Grecs comme les Romains jugeaient la masturbation assez peu virile, elle n'avait cependant pas grande importance à leurs yeux. (Diogène préférait se masturber en plein air plutôt que demeurer sous l'emprise d'un « désir inassouvi » et il était admiré pour cette façon de voir les choses. Il recommandait la masturbation parce que celle-ci est disponible à l'envi et gratuite. « Si seulement, écrivait-il, on pouvait chasser la faim en se frottant l'estomac. »)

Hindouisme, islamisme, bouddhisme, taoïsme, la plupart des religions se sont toujours montrées tolérantes envers la masturbation. À l'inverse, les Hébreux, conscients d'avoir à croître et à se multiplier, considéraient cette activité comme un crime passible de mort. Et le judaïsme la regarde aujourd'hui encore d'un mauvais œil. Comme le raconte Shalom Auslander dans *La Lamentation du prépuce*, un rabbin lui affirma lorsqu'il était jeune : « Quand je mourrai et irai au paradis, on me fera bouillir vivant dans une cuve remplie de tout le sperme que j'ai dilapidé pendant ma vie. » Dès ses origines, le christianisme emprunta plus ou moins le même chemin, allant jusqu'à affirmer que la masturbation était un péché mortel plus grave encore que l'adultère. Certains théologiens enseignaient que se masturber, c'était être possédé par le diable.

Il est bien difficile de dire ce que les premiers Pères de l'Église abhorraient le plus, de la femme ou du pénis. La femme avait provoqué la fin du Paradis terrestre et suscité le désir des hommes pour le sexe immoral – à savoir toute relation sexuelle sans intention de procréer. Jusqu'alors, était-il enseigné, Adam avait certes connu le désir sexuel, mais un désir qui n'était pas motivé par la luxure, et il n'avait d'érections que quand il le souhaitait. Ce qui fit dire à Tertullien, au IIe siècle, que la femme était la « porte du diable » et un « temple édifié sur un égout ».

Mais le pénis était complice du désir charnel, et au Moyen Âge les tentatives pour juguler son activité atteignirent des sommets délirants. Les rapports de l'homme avec sa propre épouse étaient interdits lorsque celle-ci avait ses règles, était enceinte ou allaitait ; de même le vendredi (jour de la mort du Christ), le samedi (en hommage à la Vierge Marie), le dimanche (jour de la Résurrection) et le lundi (en hommage aux morts), les jours de fête et les jours de jeûne, et aussi pendant le Carême, l'Avent, la semaine de la Pentecôte et celle de Pâques – soit, au total, la majorité de l'année. Une seule position était autorisée, l'homme au-dessus – et l'on demandait aux hommes et aux femmes pieux de porter des « chemises cagoules », épaisses chemises de nuit munies d'un orifice pour les parties génitales, afin de limiter au maximum les contacts. Les rapports sexuels ne devaient jamais avoir lieu à la lumière du jour et aucun des deux partenaires ne devait être nu.

La liste des pénitences pour avoir transgressé les interdits était longue. Pour une pollution nocturne, par exemple, sept jours de jeûne, pour s'être masturbé, vingt jours. Des rapports au cours desquels la femme chevauchait l'homme pouvaient valoir un jeûne de sept années. Les rapports « hors du récipient approprié » (anaux) ou oraux exposaient à la même peine qu'un meurtre. Le coït interrompu entraînait de deux à dix ans de pénitence, avec toutefois des alternatives : à compter du XIe siècle, l'autoflagellation pour les moines – qui enfreignaient régulièrement leurs vœux de chasteté – ou la flagellation par le prêtre de la paroisse pour les laïcs.

« On exagère à peine en affirmant que l'Europe médiévale en était venue à ressembler à un vaste asile de fous », écrit le très respecté Gordon Rattray Taylor dans *Une interprétation sexuelle de l'Histoire.*

La fixation sur le péché régressa pendant les Lumières, même si l'époque donna naissance à une nouvelle névrose sexuelle. Balayant la croyance séculaire selon laquelle le sperme était donné à chaque homme en quantité limitée, il fut proclamé que la masturbation, le moyen de gaspillage le plus fréquent et le plus dispendieux, était une maladie à part entière et handicapante. L'époque victorienne la baptisa du nom de spermatorrhée et en élargit le champ à toute activité sexuelle illicite ou même excessive. On affirmait que la « spermatorrhée » endommageait le système nerveux, conduisait à l'impotence et en sa phase finale, quand l'éjaculation devenait incontrôlable et non orgasmique, à la débilité mentale et à la mort. L'étiologie de la spermatorrhée était si obscure que tout, depuis la tuberculose jusqu'au rhume, était diagnostiqué comme étant l'un de ses symptômes.

Il y avait d'autres raisons encore de se faire du souci. La médecine avait en effet remis au goût du jour l'ancienne théorie hématique – postulant que le sperme était extrait du sang des testicules – et conseillait avec le plus grand sérieux de faire preuve de frugalité éjaculatoire en soulignant le prix coûteux de la fabrication du sperme : l'éjaculation de trente grammes de sperme équivalait, disait-on, à la perte d'un litre de sang. Au cas où les hommes auraient eu besoin d'une motivation supplémentaire, certains médecins soutenaient que le sperme non utilisé par l'homme était réabsorbé par son sang et accroissait ainsi sa vigueur.

Déterminer à quelle fréquence un homme pouvait avoir des rapports sexuels devint dès lors une question des plus importantes. Un millier d'années auparavant, les Chinois donnaient à ce propos des instructions très précises : « Au printemps, il peut se permettre d'émettre sa semence tous les trois jours, en été et à l'automne deux fois par mois. Pendant l'hiver, il devrait l'économiser et ne pas éjaculer du tout. La perte d'énergie yang provoquée par une émission hivernale est cent fois plus importante qu'au printemps. » Les *Instructions secrètes de la chambre de jade* étaient un peu plus libérales. Les hommes solidement bâtis âgés de plus de quinze ans pouvaient sans risque éjaculer deux fois par jour, les moins vigoureux, une fois seulement. Les hommes solidement bâtis âgés de trente ans pouvaient éjaculer une fois par jour, les moins vigoureux une fois tous les deux jours. À partir de quarante ans un homme devait se limiter à une fois tous les trois jours, à soixante ans à une fois tous les vingt jours et à soixante-dix ans à une fois par mois, « à l'exception des plus faibles, qui ne doivent plus éjaculer du tout ». Les médecins victoriens étaient plus intransigeants. La plupart soutenaient qu'une fois par semaine ne présentait pas de risques, tandis que d'autres voix avertissaient que plus d'une fois par mois pouvait être dangereux. Parmi celles-ci se faisaient entendre celles, stridentes, des Américains Sylvester Graham et John Harvey Kellogg qui tenant, l'un comme l'autre, la consommation de viande pour responsable de toutes les turpitudes, créèrent chacun des produits alimentaires destinés à tempérer les ardeurs

– Graham, le biscuit sec toujours vendu sous son nom et Kellogg, les corn-flakes. Certains médecins conseillaient aux épouses de rester allongées sans bouger pendant les rapports de manière que leurs maris dépensent aussi peu de sperme que possible.

Il est impossible de démêler ce qui relève de l'égarement scientifique de ce qui relève du pur charlatanisme. Et les charlatans ne manquaient pas, soigner une bourgeoisie dévorée par la culpabilité s'avérant une activité hautement lucrative. Une escroquerie courante consistait à détecter au microscope du sperme dans l'urine d'un homme, phénomène indiquant une « fuite » et un début de spermatorrhée. Un médecin des plus éminents affirma que les deux tiers de ses patients masculins étaient ou se croyaient atteints de cette maladie.

Partant du principe que mieux vaut prévenir que guérir, on conçut donc des appareils destinés à empêcher une masturbation qualifiée d'« autopollution » en même temps que les moins diaboliques pollutions nocturnes. Certains de ces appareils étaient des plus rudimentaires : un mince anneau dentelé qui se glissait sur le pénis et provoquait chez celui qui le portait des douleurs chaque fois que survenait une érection nocturne (un produit haut de gamme en acier, muni de pointes sur mesure, était également disponible). D'autres étaient plus complexes : des cages à serrure qui empêchaient de toucher ses parties génitales ou restreignaient l'« extension longitudinale » ; des ceintures faites de plaques de cuivre et de zinc qui généraient du courant électrique lorsqu'elles étaient activées par les « sécrétions corporelles » ; des tiroirs en caoutchouc à travers lesquels circulaient de l'eau ou de l'air froids. Autre invention ingénieuse : un harnais qui, en cas d'érection, activait un phonographe afin de réveiller en fanfare celui qui en était équipé et ainsi le sauver de lui-même ; s'il s'agissait d'un adolescent, l'appareil déclenchait une alarme électrique dans la chambre de ses parents.

Certains hommes allèrent jusqu'à se faire coudre dans le prépuce des fils de soie qu'ils nouaient avant de se mettre au lit. Il existait toutes sortes de procédés pour traiter la spermatorrhée ou la masturbation. Les médecins injectaient du potassium et de l'hydrate de chloral dans le pénis « afin d'émousser l'appétence vénérienne » ; enduisaient le périnée de poison et lui appliquaient des ventouses pour en extraire le sang ; posaient des cataplasmes de ciguë sur les parties génitales et injectaient de l'eau tiède dans le rectum ; inséraient des « œufs » de métal, de caoutchouc ou de porcelaine dans le rectum afin de masser la prostate et lui rendre la santé. La circoncision était très souvent prescrite, à la grande satisfaction des moralistes les plus virulents des deux côtés de l'Atlantique – parmi lesquels John Kellogg, adepte si convaincu de ce traitement qu'il recommandait de l'appliquer sans anesthésie « afin que la brève douleur qui accompagne l'opération ait un effet salutaire sur l'esprit ».

Jusqu'au XIXe siècle, il n'existait aucune tradition de circoncision dans la culture occidentale. Elle devint à la mode parmi la noblesse de l'Europe continentale après que Louis XVI eut dû se faire opérer d'un phimosis (rétrécissement du prépuce rendant les érections si douloureuses qu'elles en deviennent quasiment impossibles) qui l'avait empêché sept années durant d'avoir des rapports avec la reine Marie-Antoinette. La reine Victoria décida ensuite de faire circoncire son fils, rendant ainsi la chose de rigueur au sein des classes supérieures anglaises.

Ce qui au XIXe siècle fit de la circoncision une pratique courante au sein des classes moyennes alors en pleine expansion des deux côtés de l'Atlantique, ce fut l'hystérie que déclenchait le seul mot de « masturbation » ; l'ablation du prépuce contribuait à l'empêcher, affirmaient les médecins, tout en soignant les incontinences nocturnes et autres maux. À l'époque de la Première Guerre mondiale, de telles affirmations étaient plus rares et la médecine ne prônait la circoncision qu'à titre prophylactique – les pères étaient non seulement encouragés à faire « tailler » leurs fils nouveau-nés, mais aussi à profiter eux-mêmes sur le tard des avantages de cette pratique.

Au plus fort de la panique déclenchée par la spermatorrhée, quantité de maux de la société furent attribués à la dégénérescence morale dont elle était cause. Des mouvements anti-masturbation virent le jour et les familles furent incitées à faire connaître les adultes qui se laissaient aller de façon récurrente à la pratique de l'« acte honteux ». On avertissait qu'un garçon dans cette situation pouvait être repéré grâce à « son regard sournois et à la manière dont il abaisse sa casquette pour dissimuler ses yeux ».

La fin du XIXe siècle venue, la spermatorrhée avait perdu de son emprise sur la médecine et sur l'imagination populaire. Mais l'obsession de la masturbation connut un long crépuscule : des hommes encore de ce monde se souviennent d'enseignants fermant avec des épingles les poches de pantalon de ceux qu'ils surprenaient les mains fourrées dedans et de l'avertissement effrayant selon lequel la masturbation faisait pousser des poils dans les paumes des mains quand elle ne rendait pas sourd. Dans les années 1930 encore (et alors que des appareils anti-masturbation étaient encore brevetés), certains des musées d'anatomie qui avaient proliféré dans les quartiers pauvres à l'époque victorienne demeuraient en activité. Au milieu des objets douteux exposés et de cires présentant les « maladies secrètes des hommes », un cabinet restait plongé dans l'obscurité – jusqu'à ce que, lorsqu'on se plaçait devant, une lumière crue s'allume soudain et dévoile le visage concupiscent d'un attardé mental accompagné de ce cartouche : « VIRILITÉ DÉVOYÉE ».

COUPURES DE COURANT

Aucun homme n'aurait la prétention d'affirmer que jamais son pénis n'a désobéi à l'ordre de se dresser et de faire son boulot. Chez un homme normalement constitué, pareille panne temporaire ne saurait avoir de conséquences durables. Mais chez d'autres, le désir dépasse en permanence leurs capacités. De tels hommes sont impuissants – littéralement privés de puissance. Quand Henry VIII voulut se débarrasser de son épouse Anne Boleyn et la fit abusivement juger pour trahison et adultère, elle le ridiculisa en prétendant qu'il était « sans puissance » – et, pour faire bonne mesure, qu'il n'était « pas doué pour la copulation avec les femmes » –, une insulte à l'autre tête royale qui ne contribua pas à l'aider à sauver la sienne.

L'impuissance se manifeste de façon progressive. Une érection peut avoir une rigidité suffisante pour permettre la pénétration, mais alors, de façon inexplicable, un désintérêt total pour le processus en cours se manifeste et laisse à la récipiendaire, comme l'a décrit une femme, l'impression d'« essayer de rester à flot sur un radeau de sauvetage en train de lentement se dégonfler ». Une érection peut également naître, mais si faiblement se développer que la pénétration reste impossible – « frappant à la porte, comme le dit Fanny Hill d'un client, mais si peu capable d'entrer que je me demande s'il en aurait eu la force quand bien même je la lui aurais maintenue grande ouverte ». Pour d'autres hommes, même un semblant d'érection n'est plus qu'un lointain souvenir et « leur sexe vit dans un éternel oubli, ou s'ils essaient c'est sans espoir ; ils ont beau s'acharner la nuit entière sur cet objet mou et fripé, mou il demeure », écrivait Juvénal.

La flaccidité n'est pas en cause en ce qui concerne une autre forme de dysfonctionnement érectile : l'homme n'a aucun problème pour bander et éjaculer, mais son problème est qu'il jouit trop rapidement – dans certains cas, avant même la pénétration. À partir de quel moment peut-on dire d'une éjaculation qu'elle est « précoce » ? Les avis divergent : en moins d'une minute et à la moitié de la pénétration pour les uns, dans les dix secondes pour d'autres, en moins de six coups de reins pour d'autres encore. Dans son très lu *Case of Impotency As Debated in England* (ou « Problème de l'impuissance » et sa controverse) en Angleterre paru en 1715, Edmund Curll se gaussait de cet état :

> Nombreux sont les hommes dont le pénis se lève bien vite et se dresse de la manière la plus fière et la plus ostentatoire qui soit ; mais alors sa fureur est bientôt apaisée ; pareil à un feu de paille, au moment où il approche la porte de sa maîtresse il s'effondre ignominieusement sur son seuil même et vomit piteusement son âme écumante…

D'aucuns ont affirmé, sans vraiment convaincre, que l'éjaculation précoce n'existait pas et que les hommes qui éjaculent vite ne faisaient que reproduire en cela une pratique héritée de leurs ancêtres ayant eux-mêmes hérité des caractéristiques sexuelles des autres primates tels que les chimpanzés dont les accouplements durent généralement entre quatre et sept secondes. Selon cette théorie, les éjaculations dites « normales » devraient donc plutôt être qualifiées d'éjaculations « retardées ».

Quoi qu'il en soit, et à en croire la littérature disponible sur le sujet, un quart des hommes pourraient être des éjaculateurs précoces. Mais le nombre des impuissants supposés est plus étonnant encore : la moitié des plus de quarante ans en feraient l'expérience à des degrés variables tandis que cinq sur cent seraient pour leur part « hors service », chiffre qui s'élève à vingt au-delà de cinquante ans et continue de grimper avec l'âge – tout comme les dents, les érections sont incompatibles avec la vieillesse. On estime qu'en Occident, cent cinquante millions d'hommes sont incapables soit d'obtenir, soit de maintenir une érection.

Les facteurs du dysfonctionnement érectile sont complexes : psychologiques, émotionnels et physiques – et, dans le cas de l'éjaculation précoce, une très grande instabilité neurologique. Hippocrate mettait son impuissance sur le compte de la laideur de sa femme. Certains de ceux qui croyaient à la théorie de la réserve de sperme « dilapidée » (qui avait encore ses adeptes au siècle dernier, parmi lesquels Hemingway) accusaient les femmes de vider leurs batteries ; à l'inverse, bon nombre d'impuissants ont tout au long de l'histoire incriminé le manque d'enthousiasme sexuel de leurs partenaires et continuent de le faire. Jusqu'au XVIIe siècle au moins, les hommes croyaient que la sorcellerie était la cause essentielle de l'impuissance – si les sens d'un homme s'enflammaient alors que son pénis s'y refusait, quelle autre raison pouvait-il y avoir à cela ? Les femmes du XVIIe siècle, elles, accusaient les cafés, un pamphlet contre ces établissements alors tout nouveaux proclamant : « Ils en reviennent sans rien d'autre d'humide que leur nez morveux, rien d'autre de raide que leurs articulations et rien d'autre de dressé que leurs oreilles. »

Dans l'Europe chrétienne, l'impuissance constitua un motif de divorce jusqu'au XVIIe siècle (elle le reste dans la loi islamique). C'était d'ailleurs le seul motif valable, et il devait recevoir l'approbation des tribunaux religieux. Il était loisible d'immerger les parties génitales d'un homme dans de l'eau glacée afin de vérifier le fonctionnement de son scrotum ; loisible de lui ordonner de se retirer avec son épouse sur un lit entouré de rideaux et de l'y laisser une heure environ en vue de constater l'absence de toute trace d'émission sur les draps. L'homme pouvait aussi être jugé par une assemblée d'« honnêtes matrones », comme cela se produisit à York, en 1433, quand Alice Scathloe demanda à divorcer de son mari John. On alluma une lumière au fronton d'une maison de la ville, on apporta de la nourriture et des boissons et les femmes ôtèrent la plupart de leurs vêtements avant d'embrasser le visage et le cou de John, de danser autour de lui, d'exhiber leurs parties génitales et de le laisser toucher leurs seins. En guise d'ultime recours, elles « se chauffèrent les mains auprès du feu, agacèrent ses testicules et caressèrent son membre » – sans résultat. Le tribunal se prononça en faveur d'Alice.

Avec le temps, le divorce pour cause d'impuissance échappa aux ecclésiastiques pour être intégré dans la loi civile ; certains cas pouvaient être jugés par pas moins de quinze religieux, médecins, sages-femmes et magistrats.

Les hommes reconnus impuissants ne suscitaient guère de compassion, et cela en dépit du fait que ceux qui réfutaient l'accusation avaient toutes les chances d'être confondus quand on les presserait d'avoir à prouver leurs dires en public. Lors du procès de John Scathloe, les matrones qui l'examinaient l'injurièrent et lui crachèrent dessus. Un mari anonyme qui comparut au XVIIIe siècle devant un tribunal civil de Reims – où l'accusé dut se retirer derrière un rideau pour produire la preuve éjaculatoire de ses érections tandis que les témoins attendaient auprès du feu – fut, comme le prouvent les minutes du procès, ridiculisé :

> Bien des fois il cria : « Venez ! Venez vite ! » Mais ce n'étaient toujours que fausses alertes. L'épouse s'esclaffait et leur disait : « Ne vous pressez donc point, car je le connais bien. » Les experts déclarèrent plus tard que jamais ils n'avaient autant ri ni aussi peu dormi que cette nuit-là.

Il y a peu encore, on pensait que l'impuissance était un problème purement psychologique. On sait aujourd'hui que les trois quarts des cas, à l'exception de ceux liés au vieillissement, ont des causes médicales très souvent non diagnostiquées – maladies cardiovasculaires, hypertension, diabète. L'obésité est une autre cause très fréquente. Et longue est la liste des médicaments (parmi lesquels les antidépresseurs, les diurétiques et les hypertenseurs) susceptibles de provoquer l'impuissance chez de nombreux hommes. Sans parler des effets beaucoup plus nocifs encore de l'alcool et du tabac.

Le pénis et l'alcool ne font pas bon ménage ; ainsi que le fait remarquer le sage portier dans *Macbeth*, l'alcool « éveille le désir mais endort son assouvissement ». Plus grave, il peut également entraîner une atrophie des testicules et un rétrécissement du pénis. C'est également le cas du tabac, qui prive lui aussi le pénis de l'élasticité (via la substance nommée « élastine ») nécessaire à l'érection. Les érections des gros fumeurs et gros buveurs de surcroît ressemblent souvent à des ballons de baudruche le lendemain d'une fête de Noël. Les obèses souffrent souvent quant à eux d'un flétrissement des testicules provoqué par la transformation de leur graisse en œstrogène hormone femelle. Dans un cas sur cinq, l'impuissance est due à l'obstruction par le cholestérol d'artères péniennes pas plus grosses que les dents d'une fourchette.

Ce qui ne signifie pas pour autant que des activités considérées comme saines soient exemptes de tout danger. Les urologues affirment que des chocs en apparence bénins reçus durant la jeunesse au cours d'exercices physiques peuvent être responsables de l'impuissance d'un nombre d'hommes important – on estime à six cent mille aux États-Unis les hommes devenus impuissants suite à la pratique de sports de contact. L'équitation et les secousses qui l'accompagnent en permanence favoriseraient aussi le phénomène (Hippocrate remarquait que de nombreux Scythes, qui passaient leur vie en selle, étaient impuissants – même s'il en rendait responsables leurs culottes de monte), de même que le cyclisme à un degré plus élevé encore. Si la position assise n'impose en temps normal aucune pression sur le périnée, la zone comprise entre le scrotum et l'anus, il n'en va pas de même pour le cyclisme, dont le *Journal of Sexual Medicine* rapportait en 2005 qu'il entraîne la compression à la fois d'une artère qui alimente le pénis en sang et d'un nerf indispensable aux sensations. Un dysfonctionnement érectile peut en résulter, les accros de la bicyclette étant les plus exposés. Des tests aux ultrasons ont en outre permis de relever chez près de la moitié de ceux qui pratiquent le vélo au moins deux heures par jour des dépôts de calcium pierreux dans le scrotum.

Les causes de l'impuissance peuvent également être à l'origine de la stérilité – les conduits fibreux sécréteurs du sperme d'un homme stérile sur six ont ainsi été endommagés par la pratique du sport. Chez les gros fumeurs et les gros buveurs, le nombre de spermatozoïdes chute et la qualité du sperme est moindre, avec notamment une motilité réduite et une perte du sens de l'orientation des cellules reproductrices. Nonobstant ces remarques, un quart des cas d'impuissance a des origines psychologiques : stress, dépression, culpabilité ou crainte de ne pas se montrer à la hauteur, cette dernière cause prévalant chez les hommes inexpérimentés. La médecine est capable d'établir si un problème est oui ou non d'ordre psychologique en observant un phénomène étrange, dont l'explication demeure encore en partie méconnue, inhérent à la physiologie masculine, à savoir que de trois à cinq fois par nuit, au cours du sommeil paradoxal, le pénis entre en érection pendant une durée de quinze minutes à une heure.

L'homme n'ayant aucun moyen de contrôle sur ce mécanisme, si son problème se situe dans sa tête plutôt qu'ailleurs, son pénis se dressera normalement. Dans les années 1970, évaluer pareille situation pouvait s'avérer fastidieux. Confronté à l'âge mûr aux affres de l'impuissance et refusant de croire que la chose puisse avoir un rapport quelconque avec sa consommation immodérée d'alcool, le romancier Kingsley Amis remit sa libido défaillante entre les mains d'un psychologue, lequel lui donna en échange un bidule électrique (qu'il appelle, dans son roman *Jake's Thing*, un « mensurateur nocturne ») et lui demanda de s'y connecter la nuit dans l'espoir que l'appareil détecte une activité pénienne quelconque. En vain. De nos jours, le médecin prescrira un petit indicateur composé de trois élastiques de résistances variables correspondant à différents niveaux de force érectile.

Le dysfonctionnement érectile est si humiliant qu'avant l'apparition du Viagra en 1998, en raison du caractère à la fois long, contraignant et incertain des traitements, neuf hommes atteints sur dix ne consultaient pas. De même que les éjaculateurs précoces, qui auraient pu se faire aider par des techniques de relaxation, des conseils ou des médicaments – « Et puis il vint/et rougit de honte/Tant il en avait vite terminé » (Thomas Percy, *Bishop Percy's Loose Songs*, 1650) – les impuissants, sans nul doute enragés par l'incapacité de leur déloyal meilleur ami à s'étirer de façon satisfaisante, préféraient vivre avec leur handicap. Très porté sur la fornication avec des prostituées, le comte de Rochester déversa sa bile dans *The Imperfect Enjoyment* (La Réjouissance inachevée), après avoir fait l'expérience de l'impuissance *et* de l'éjaculation précoce (la « foudre d'en bas » devenant le « baveux dard d'amour ») avec une femme qu'il aimait :

> Couard envers ton prince, ô dard, tu ne te dresses pas.
> Pire partie de moi et de ce fait la plus haïe,
> Dans toute la ville pieu à baiser ordinaire,
> Sur lequel chaque putain soulage son con en feu
> Comme des porcs se frottent aux barrières en grognant,
> Puisses-tu devenir la proie de chancres voraces,
> Ou disparaître dans les larmes amères ;
> Puissent ma strangurie et mes calculs rénaux voir ces jours ;
> Puisses-tu ne jamais pisser, toi qui as refusé de jouir
> Quand toutes mes joies dépendaient du traître que tu es.

Recherche solutions désespérément

Ernest Hemingway n'était âgé que de trente-huit ans quand les premiers symptômes de son impuissance apparurent. Ce qui le conduisit en particulier à agresser un ami écrivain, Max Eastman, dont il pensait à tort qu'il répandait des racontars « et joue le jeu de ceux qui prétendent ça ». Jusqu'à sa mort, Hemingway resta dans le déni. Dans *La Vérité à la lumière de l'aube*, ses « Mémoires inventés » publiés après sa mort, voici ce qu'il évoquait :

> Le vieux fusil à pompe Winchester modèle 12 bien-aimé, une fois détruit et trois fois reconstitué, poli par

l'usure et qui était plus rapide qu'un serpent, presque un ami intime, un compagnon avec qui partager secrets, triomphes et désastres passés sous silence, après trente-cinq années passées ensemble, comme l'autre ami qu'un homme possède toute sa vie.

Hélas pour Hemingway, même les doses de testostérone synthétique échouèrent à ranimer son pénis-fusil.

Rien de plus désespérant pour ceux qui ressentent toujours ce qu'Eric Gill appelle le « bouillonnement de la turgescence » que de ne pouvoir répondre à cet appel, quoi qu'ils fassent, « quand les coqs veulent frapper alors que leurs ergots ont disparu » selon le mot du comte de Rochester. Raison pour laquelle les hommes ont toujours cherché à se donner les moyens de leurs ambitions. Tyrans, despotes, voire papes, tous ont découvert que la présence d'une jeune femme dans leur lit pouvait accomplir des miracles – ce qui ne fut pas le cas pour le vieux roi David, « frappé par les ans », nous dit le livre des Rois dans la Bible, et qui « ne produisait plus de chaleur ». Ses servantes lui amenèrent la jolie vierge Abishag, mais elle eut beau lui prodiguer toutes les attentions possibles, « le roi ne la connut pas ».

N'ayant pas nécessairement accès à de jolies vierges, la plupart des possesseurs de pénis défaillants se sont tournés vers de supposés aphrodisiaques pour « produire de la chaleur ». Manger les parties génitales d'un animal, en conjecturant de façon plausible qu'une entraide entre semblables est envisageable, est une pratique que l'on rencontre dans bon nombre de cultures depuis des temps immémoriaux. Connue sous le nom de « théorie des signatures » – laquelle soutenait qu'une chose présentant une ressemblance avec une autre pouvait bénéficier à cette dernière –, cette pratique s'appliquait à certaines espèces de poissons, du moins ceux qui avaient la forme d'un pénis, l'odeur et la viscosité du sexe, ainsi qu'aux anguilles (bien entendu) et aux huîtres (l'aphrodisiaque vulvaire le plus célèbre). Les fruits, les légumes et les racines présentant quelque ressemblance avec les parties génitales masculines avaient eux aussi leurs partisans : l'asperge, le céleri et les carottes péniens, par exemple, les testiculaires artichauts, truffes, fèves, tomates (la « pomme d'amour » du XVIe siècle), les bulbes d'orchidées sauvages européennes (jadis appelés « couilles de chien ») et les abricots – *a-prick-hot*[1], jeu de mots très en vogue pendant la Renaissance. L'ail, les oignons, les épices, le poivre noir et les piments rouges étaient également recherchés parce qu'ils accéléraient le pouls et faisaient transpirer (comme le sexe), de même que les oignons et les noix de muscade, que l'on croyait doublement efficaces parce qu'ils étaient à la fois testiculaires et épicés. Les racines de ginseng et de mandragore rappelant la forme humaine – de cette seconde plante connue depuis la Bible on disait au Moyen Âge qu'elle ne poussait qu'à l'endroit où s'était déversé le sperme d'un pendu, légende qui faisait grimper les prix – étaient très prisées, tout comme les figues, autre aphrodisiaque d'apparence vulvaire une fois ouvert, et les champignons, perçus comme un symbole des rapports sexuels étant donné que leur pédoncule s'enfonce dans leur chapeau comme le pénis dans un vagin.

1. Littéralement « une bite chaude ».

La croyance dans les pouvoirs des stimulants sexuels traditionnels perdure en Orient. Jadis innombrables, les hippocampes sont de moins en moins nombreux, la faute aux Chinois qui ont tellement foi en leur efficacité sexuelle (non seulement c'est un poisson, mais encore un poisson qui, par sa nage debout, évoque de façon assez convaincante une érection) qu'ils les broient par millions pour les transformer en un bouillon aphrodisiaque. En Indonésie, le cobra est menacé : les concoctions réalisées à partir de son pénis sont plus appréciées que le Viagra. Idem pour le phoque, le tigre, l'ours ou le rhinocéros, dont les Chinois sont à ce point convaincus des propriétés de leur pénis en vue de restaurer une érection défaillante que ces espèces sont désormais en danger. Le rhinocéros est chassé non seulement pour ses parties génitales, mais aussi pour sa corne – en contradiction flagrante avec la théorie des signatures –, à l'instar, jadis, du narval en Occident dont on vendait la défense en prétendant qu'il s'agissait d'une défense de licorne (une autre fable visant à faire grimper les prix).

L'histoire abonde en exemples de remèdes aussi incongrus que désespérés. Les hommes ont ingurgité toutes sortes de potions – à base d'albâtre, de perles et de métaux parmi lesquels l'or susceptibles de ranimer la flamme. Les femmes assyriennes frottaient le pénis des hommes avec une huile contenant des particules de fer. Suivant en cela le conseil de Pline l'Ancien, certains Romains mangeaient des excréments. Les élisabéthains urinaient à travers l'alliance de leur épouse ou dans le trou de la serrure de l'église dans laquelle ils se mariaient. Au début du XXe siècle, des centaines d'hommes (parmi lesquels Freud et Yeats) se soumirent à des vasectomies sur les conseils d'un éminent physiologiste autrichien convaincu que cela les « réactiverait » (et soignerait leur calvitie). L'espoir fait vivre, et c'est pourquoi dans certaines tribus primitives d'Amazonie, les impuissants demandent encore à leurs congénères de leur souffler dans le pénis comme on souffle sur les braises d'un feu mourant.

Au XVIIIe siècle, la médecine occidentale décréta que le fait de redonner du tonus à son propriétaire en redonnerait également au pénis défaillant. En conséquence de quoi les hommes suivirent des régimes à base d'air frais et d'exercice physique, de tonifiants et de biftecks, de bains froids et de frictions à la brosse dure. Le pénis fut récuré comme une cheminée encrassée à l'aide d'instruments chirurgicaux, des produits chimiques corrosifs furent introduits via l'urètre. Plébiscitée par les journaux, l'électrothérapie était couramment prescrite et, au début du XXe siècle, il était très en vogue pour les hommes aisés affligés de problèmes d'érection de porter une ceinture-batterie qui envoyait du courant vers leurs parties génitales et était censée « accroître la vigueur sexuelle par le biais du massage ». Les premières pompes firent leur apparition, conçues pour faire affluer de force le sang dans les tissus érectiles d'où un anneau de constriction l'empêchait de refluer.

Au XIXe siècle, avec le retour sur le devant de la scène médicale des chirurgiens, la vieille idée que les parties génitales animales pourraient être le remède à l'impuissance réapparut. Charles-Édouard Brown-Séquard, le doyen des physiologistes européens, s'injecta lui-même un composé de testicules de chien et de cochon d'Inde et fit sensation en affirmant que ce procédé lui avait permis de quotidiennement « rendre visite » à sa jeune épouse sans jamais connaître la moindre défaillance. Au tournant du siècle, d'autres, sérieux ou charlatans, se lancèrent dans la xénotransplantation – aux États-Unis, John Brinkley utilisa des testicules de boucs de Toggenburg ; en France, le Russe Serge Voronoff réalisa des greffes de testicules de chimpanzés et de babouins. À l'origine, Voronoff avait en réalité commencé par transplanter des testicules humains prélevés sur des prisonniers – au profit de millionnaires –, mais la demande excédant l'offre, il lui avait fallu se tourner vers une autre source d'approvisionnement.

Au cours des années 1920, des milliers d'hommes à travers le monde passèrent sur le billard pour profiter des supposés bienfaits de ce que l'on appelait les « glandes de singe » et, les années 1930 venues, l'efficacité de ces glandes était exaltée aussi bien par ses promoteurs que par ses bénéficiaires. Hélas, l'affaire se révéla être un exemple d'effet placebo à grande échelle – et, tout comme Brown-Séquard qui avait succombé à une hémorragie cérébrale peu après son étonnante annonce (sa jeune épouse l'avait finalement quitté pour un homme plus jeune), la xénotransplantation mourut de sa belle mort.

Les hommes ont longtemps assisté leurs trop timides érections à l'aide d'une grande variété de supports ; dans les années 1950, on mit ainsi au point des techniques chirurgicales destinées à insérer ces supports *dans* le pénis même. Si les essais menés sur l'os et le cartilage furent des échecs, vingt ans plus tard en revanche, le recours au silicone fut, lui, une réussite : on parvint à implanter une paire de baguettes flexibles dans les chambres spongieuses du pénis – avec l'inconvénient majeur que celui-ci restant en permanence tendu, il fallait le plier vers le bas pour s'habiller. Des modèles gonflables dotés d'éléments mécaniques sont parvenus à pallier le problème, mais la plupart des hommes optent aujourd'hui pour une solution plus complexe : un implant relié à un réservoir indépendant situé dans le ventre, ainsi qu'à une sphère posée dans l'aine ou dans le scrotum et qui fait office de troisième testicule.

C'est dans les années 1980 que vit enfin le jour un traitement non invasif fiable contre l'impuissance – le fruit d'une découverte accidentelle. Le chirurgien français Ronald Virag injecta en effet par erreur de la papavérine (un alcaloïde d'opium utilisé pour calmer les spasmes viscéraux, cardiaques et cervicaux) dans une artère menant au pénis de son patient anesthésié et fut stupéfait de voir le pénis dudit patient dresser la tête pour attirer son attention. Virag se fit quelque peu voler la vedette par l'urologue britannique Giles Brindley qui menait – intentionnellement, lui – des recherches sur la dilatation de l'artère pénienne en vue de traiter l'impuissance. Lors d'un congrès d'urologues à Las Vegas, il fit plus que rapporter à ses confrères les succès qu'il avait obtenus grâce à la phénoxybenzamine, un bêtabloquant traitant l'hypertension : il leur en fit la démonstration. Après s'en être injecté avant de monter à la tribune, il promena son érection au milieu du public, histoire de prouver qu'il n'avait utilisé aucun implant. Bien vite, d'autres se mirent à vanter l'efficacité des composés dilatatoires auto-injectables.

Et puis vint le Viagra (aucun rapport avec Ronald Virag) qui, comme la papavérine et la phénoxybenzamine, détend les cellules musculaires lisses des vaisseaux sanguins péniens, mais présente l'énorme avantage de devoir seulement être ingéré et non injecté. Premier traitement oral contre le dysfonctionnement érectile autorisé, le Viagra, nom dérivé de « virilité » et, de façon hyperbolique, de « Niagara », est vite devenu le médicament le plus vendu de l'Histoire. On comptait parmi ses premiers adeptes les très actifs mâles de l'industrie du porno à qui le médicament permettait de « rester de bois » sans l'aide de *fluffers* (gonfleuses), jeunes femmes dont le job était de les mettre en forme à coups de langue avant que le réalisateur crie : « Moteur ! » Et l'on pensa alors que sans douleur, sans désagréments ni traitement prolongé, les hommes impuissants pourraient enfin marcher sans risque la tête haute.

LE PRIX À PAYER

Si l'homme peut sombrer dans le désespoir parce qu'il n'obtient pas d'érection, il peut être terrifié quand il n'arrive pas à s'en débarrasser.

Une érection prolongée et affreusement douloureuse – le priapisme – peut survenir quand le sang qui s'est accumulé dans les chambres spongieuses du pénis pendant la « bandaison » ne reflue pas comme cela se produit habituellement après l'orgasme. Entre quatre et six heures après celui-ci, le sang emprisonné dans le pénis a alors acquis la consistance d'une huile épaisse, et si un médecin ne remédie pas à la situation en l'évacuant à l'aide d'une aiguille, les vaisseaux sanguins et les nerfs peuvent se trouver endommagés au point de rendre toute nouvelle érection impossible. Si le problème n'est pas traité dans les vingt-quatre heures, le membre peut être gagné par la gangrène, au point de devoir être amputé.

Le priapisme peut résulter indirectement de problèmes de santé particuliers ou de l'usage de drogues euphorisantes. Mais presque tout traitement de choc contre l'impuissance peut provoquer cette situation fâcheuse, y compris le « surpompage » d'un pénis ou le fait de garder trop longtemps un anneau de constriction, l'un comme l'autre pouvant entraîner un handicap permanent. Et le priapisme pourrait bien ne pas être le seul, voire le pire, inconvénient qu'auraient à subir ceux qui tentent par tous les moyens de provoquer, renforcer ou prolonger leurs érections.

Si l'écrasante majorité des aphrodisiaques est inefficace et inoffensive, certains peuvent s'avérer dangereux. La plupart de ces derniers irritent la membrane muqueuse de l'appareil urinaire et des parties génitales pour aider à l'indispensable afflux de sang, tandis que d'autres encore, très peu nombreux, sont des psychotropes, à savoir qu'ils agissent sur l'esprit pour faire naître le désir sexuel – la yohimbine, extraite de l'écorce d'un arbre africain, étant le plus connu. Mais tous ont en commun d'être des poisons violents, y compris des plantes aux noms aussi innocents que la renoncule (un membre de la famille des boutons-d'or), la pervenche ou l'herbe-aux-mamelles (la lampsane commune) ; la mandragore, le venin de crapaud ou la mouche espagnole fabriquée à partir de scarabées luisants du Sud européen réduits en poudre font eux aussi partie des aphrodisiaques dangereux. L'imitation de la réaction sexuelle naturelle peut provoquer différents effets secondaires (dans le cas de la yohimbine, des accès de panique et des hallucinations), dont certains très graves comme des hémorragies gastro-intestinales, des insuffisances rénales, des atteintes pulmonaires ou cardiaques – et même entraîner la mort. Certains aphrodisiaques sont d'ailleurs interdits dans la plupart des pays du monde, même si ces produits ou certains des éléments qui entrent dans leur composition sont souvent introduits en fraude ou, comme tout le reste, accessibles via Internet. Extrait des testicules du poisson-globe ou poisson-ballon, le plus mortel de tous les aphrodisiaques n'est pas interdit en Chine et en Corée, deux pays auxquels son usage est largement confiné. Une des glandes du poisson en question contient de la tétrodotoxine à des doses cent fois plus mortelles que le cyanure. Quelque trois cents hommes en périssent chaque année.

Il est peu probable que quiconque ait jamais perdu la vie des suites d'un implant pénien, même si des histoires aussi scabreuses qu'improbables circulent régulièrement à ce sujet sur Internet. Ce qui est vrai en revanche, c'est que près des trois quarts de ceux qui se sont fait poser des dispositifs de ce type n'ont pas été satisfaits des résultats – pour eux, le sexe biohydraulique n'a rien à voir avec le sexe au naturel. Les premiers modèles gonflables avaient tendance à dysfonctionner, à fuir ou à se casser et, pour reprendre le jargon employé lors de nombreuses poursuites en justice, leurs composants avaient tendance à « migrer ». Les implants sont désormais plus fiables (même s'ils peuvent encore provoquer des infections), mais le recours au Viagra est devenu très largement majoritaire, sauf pour ceux qu'un cancer de la prostate a rendus impuissants et que la chimie ne peut plus aider.

Le Viagra et ses concurrents ne peuvent pas pour autant être considérés comme le saint Graal pour tous les hommes en quête d'une érection digne de ce nom. Ces pilules ne peuvent être utilisées que sur prescription médicale et sont interdites aux personnes qui présentent des problèmes d'hypertension, de cholestérol, de foie ou de reins, de diabète ou d'obésité. Plus exposés encore sont ceux qui souffrent de troubles cardiaques nécessitant la prise de médicaments contenant des nitrates : les pilules érectiles libèrent en effet de l'oxyde nitrique dans le pénis, et l'interaction entre des composés de même nature peut provoquer des chutes de tension fatales. Les hommes dont l'état de santé général (en dehors des questions d'ordre sexuel) est bon sont malgré tout fréquemment victimes d'étourdissements, de saignements ou de nausées et, plus fâcheux encore, de troubles oculaires momentanés. Mais pour les plus fragiles, le prix à payer peut être une brusque perte de l'ouïe ou de la vue, des arrêts respiratoires, des attaques ou des arrêts cardiaques. Voire la mort. Il n'existe pas de statistiques fiables à ce sujet, mais il paraît probable que depuis la mise sur le marché du Viagra, des centaines parmi les millions d'hommes qui ont avalé des pilules érectiles ont avalé ce faisant leur bulletin de naissance.

Pas moins d'un quart des hommes « oublient » de s'adresser à leur médecin pour aller s'approvisionner ailleurs – sur Internet, principalement. Certains d'entre eux méconnaissent les problèmes de santé dont ils souffrent et ignorent donc les risques qu'ils prennent. Et si la plupart connaissent leur état de santé, soit ils ne supportent pas d'exposer leurs problèmes à un tiers en vue d'obtenir une ordonnance, soit ils se disent : « Au diable tout cela » – tant est impérieux le besoin naturel de sexe.

Des hommes apparemment en bonne santé bravent toutefois le danger et s'exposent à une crise cardiaque ou une attaque lorsqu'ils s'adonnent à l'adultère : l'excitation et l'effort (parfois aussi le stress lié à l'infidélité) peuvent provoquer une rupture d'anévrisme fatale. Cela fut le lot de personnages célèbres comme d'anonymes au cours de l'Histoire. Le Premier ministre britannique Lord Palmerston mourut (en 1865, à quatre-vingt-un ans) en plein rapport sexuel avec une femme de chambre sur une table de billard ; le président français Félix Faure mourut (en 1899, à cinquante-huit ans) en faisant l'amour avec sa secrétaire dans un bordel ; le vice-président américain Nelson Rockefeller mourut (en 1979, à soixante-dix ans) alors qu'il faisait de même avec une maîtresse dans son appartement. Le personnel des *love hotels* japonais, où des hommes d'affaires d'âge mûr ont coutume d'amener des jeunes femmes, n'est plus vraiment surpris de découvrir, en ouvrant la porte d'une chambre, qu'un des occupants a disparu tandis que l'autre est toujours là mais a réglé sa note d'une manière inattendue : la « dernière lueur de la lampe », comme on dit au Japon. Toujours romantiques, les Français appellent la mort coïtale *la mort d'amour*[*]. Des siècles durant, on a plus communément appelé cela « mourir en selle ».

« L'amour est une affaire de chimie,
le sexe une affaire de physique. »

Anonyme

LE ZIZI DU CERVEAU

Que le sang engorge le pénis pour le faire durcir semble a priori aller de soi. Mais cela n'a pourtant pas toujours été le cas. Les Grecs pensaient que l'air passait du foie au cœur puis descendait dans les artères pour gonfler le pénis à la manière d'une pompe à vélo. Au Moyen Âge l'Église, qui feignait de croire à une corrélation étroite entre érection et procréation, avait du mal à s'en convaincre elle-même : de toute évidence, le ratio érections/nouveau-nés était par trop déséquilibré.

À la fin du XVe siècle, après avoir assisté à la dissection d'un pendu puis disséqué lui-même d'autres pendus, Léonard de Vinci résuma ce qui faisait en vérité se dresser le pénis. Il écrivit dans son journal qu'il avait vu « des hommes morts dont le membre était en érection… leur membre avait une grande densité et une grande rigidité et était rempli par une grande quantité de sang ».

La raison pour laquelle la pendaison provoque une érection, on ne la comprit véritablement que quatre cents ans plus tard, quand on perça le mystère du rôle du système nerveux dans le fonctionnement érectile naturel, la fracture des vertèbres cervicales entraînant un violent stimulus des centres nerveux et la dilatation des vaisseaux sanguins péniens (phénomène qui peut également être observé dans d'autres types de mort violente). Dans la médecine occidentale, la première description du rôle joué par le sang dans les érections est due à Ambroise Paré (qui ignorait que Vinci en était arrivé aux mêmes conclusions quelque trois quarts de siècle plus tôt). Et longtemps avant eux, Rabelais nous renseignait déjà sur le salut du pendu. « N'est-ce point là une agréable mort que de partir avec le membre bien raide ? » s'interrogeait-il.

Les pénis des primates diffèrent selon les espèces : celui du plus proche parent de l'homme, le chimpanzé, est conique et ressemble un peu à ces cotillons dans lesquels on souffle tandis que celui de l'homme est cylindrique. De plus, l'homme est le seul primate dont la pression sanguine lui permet d'entrer en érection : comme la plupart des mammifères, les autres primates possèdent un os pénien – le *baculum* – mobilisable sitôt qu'une érection est requise, bien plus réactif et fiable que l'hydraulique humaine. Les évolutionnistes en ont déduit que les ancêtres de l'homme étaient équipés de la sorte : les femelles copulant avec de nombreux partenaires à la suite, il était essentiel pour le mâle de se dépêcher s'il ne voulait pas perdre son tour. Bien des impuissants déploreront sans doute, comme Henry Miller (à la santé sexuelle pourtant robuste) dans *Tropique du Cancer*, que « la structure osseuse de l'homme [ait] disparu ». Mais quelle en est la raison ? Une explication serait à chercher du côté de la Genèse : Dieu aurait créé Ève non à partir d'une des côtes d'Adam mais à partir de son os pénien. De fait, l'homme et la femme possèdent le même nombre de côtes. Richard Dawkins postule, lui, que la disparition de l'os pénien est le fait de la femme : si une érection dépendant d'un os ne disait rien sur l'état de santé d'un possesseur du pénis, une érection dépendant de la pression sanguine était autrement révélatrice, une rigidité moindre laissant supposer qu'un mâle pouvait être peu apte à se reproduire dans les meilleures conditions.

La vie serait tellement plus simple si avoir une érection n'était qu'une question de volonté, comme c'était le cas pour Jean Cocteau qui, dans sa jeunesse, était capable d'atteindre l'orgasme par la seule force de son imagination, tandis qu'autour de lui on applaudissait à cette prouesse. Il existe bien peu de Cocteau à même de court-circuiter le câblage parasympathique auquel est liée l'érection, tout comme le sont la respiration ou la digestion. L'érection est involontaire : elle n'obéit à aucun ordre, mais découle de stimuli psychogéniques et sensoriels.

Dévalant la moelle vertébrale à la vitesse de l'éclair, ces stimuli libèrent du monoxyde d'azote, permettant la dilatation des artères péniennes et l'afflux sanguin dans des milliers de petits capillaires sinusoïdaux qui vont remplir de sang le corps spongieux (à travers lequel passe l'urètre) et les corps caverneux du pénis, ces deux chambres jumelles pareilles à des éponges situées de part et d'autre de la verge. Telle une fleur dans un film projeté en accéléré, le pénis enfle, s'allonge et s'épaissit depuis sa base jusqu'à son extrémité tout en se dressant. Et tandis que le sang fait pression sur l'enveloppe (*tunica*) du pénis, un effet de « verrouillage » se crée, le gland, où se concentrent la plupart des sensations, se mettant à briller légèrement à cause du sang qu'il contient – il ne s'agit pas ici de peau, mais d'une membrane semblable à celle que l'on trouve au niveau des paupières ou des lèvres, quoique plus fine.

Il suffit de soixante millilitres de sang pour provoquer une érection, un volume huit à dix fois plus important que celui de l'irrigation normale du pénis. Pour un homme jeune, le processus ne demande que quelques secondes, pour un homme dans la cinquantaine au moins deux fois plus longtemps et pour un homme d'un âge avancé un temps parfois incommensurable – mais avec quelques encouragements, le pénis sénescent parvient, tel un vieux cheval de bataille, à réagir à l'appel du clairon.

La pression sanguine qui s'exerce dans un pénis en érection est au moins deux fois plus importante que celle qui s'exerce dans le reste du corps, avec des différences ethniques que des études interculturelles ont permis de mettre en évidence. De manière générale, les pénis des Noirs sont moins fermes que ceux des Blancs, qui eux-mêmes le sont moins que ceux des Asiatiques. De manière tout aussi schématique, à considérer un homme en érection en position debout, les érections des Noirs planent à l'horizontale, celles des Blancs un peu plus haut – même si une sur cinq seulement atteint un angle de quarante-cinq degrés – et celles de la majorité des Asiatiques sont verticales et quasiment plaquées au ventre. Les érections de quelques très rares hommes sont si puissantes qu'on peut y suspendre des objets lourds – dans le roman de Jean Genet *Journal du voleur*, Armand soulève un gros homme à l'aide de son gland.

Les possesseurs de tels pénis sont souvent désireux de faire la démonstration de leurs prouesses : des conscrits des années 1950 évoquent ainsi des individus capables de soulever le seau à incendie en métal galvanisé de leur baraquement ; on raconte que lors des fêtes données par la princesse Margaret dans sa résidence de l'île Moustique, durant les années 1960, l'ancien gangster John Bindon faisait tenir en équilibre un demi de bière ou en suspendait cinq vides par la poignée.

Le mâle humain n'a même pas à attendre d'être né pour avoir des érections, comme en témoignent les échographies. Les érections des nouveau-nés sont si fréquentes que William Masters disait qu'au début de sa carrière d'obstétricien, couper le cordon ombilical avant qu'elles surviennent relevait pour lui du défi.

Les mères s'inquiètent lorsque leur enfant a une érection et écartent nerveusement sa main de son pénis ; dans certaines cultures, les femmes sucent le pénis du nourrisson – « le secret de polichinelle de toutes les ayahs, ces "perles indigènes" auxquelles, à l'époque du Raj, les memsahibs britanniques confiaient la garde de leurs enfants » (Jonathan Gathorne-Hardy, *The Rise and Fall of the British Nanny*). La relation peut être parfois ambiguë, comme lorsque les mères jouent avec le pénis de leur bébé ainsi que le faisaient les nourrices de Gargantua qui, « quand il commença à explorer sa brague », le frottaient entre leurs mains « comme un rouleau à pâtisserie », puis éclataient de rire « quand il commençait à dresser l'oreille ». Les nourrices du futur Louis XIII se divertissaient de la même manière, ce qui le rendit si fier qu'il montra le résultat à sa gouvernante en lui déclarant : « Ma bite ressemble à un pont-levis.

Voyez comme elle monte et descend. » Il voulut également exécuter son petit tour devant son père, mais y échoua. « Il n'y a pas d'os dedans en ce moment, mais parfois il y en a un », se désola-t-il.

L'adolescent est fréquemment en proie à des érections inattendues ; une image, une odeur, un son, glisser le long d'une rampe d'escalier ou faire de la bicyclette peut suffire à les déclencher. Dans son autobiographie, William Butler Yeats écrit qu'à l'âge de quinze ans, il se recouvrit le corps de sable après avoir nagé et « bientôt, le poids du sable commença à stimuler mon organe sexuel, bien qu'au début je n'eusse pas compris ce qu'était cette sensation étrange et grandissante. Ce n'est qu'au moment de l'orgasme que je compris... Il devait s'écouler bien des jours avant que je découvre que j'étais capable de faire renaître cette merveilleuse sensation ». Les oscillations d'un autobus ou d'un train ont souvent une dimension incitative, tout comme une conscience de soi exacerbée. « On dirait que je ne peux pas aller au tableau à l'école ou descendre d'un bus sans qu'elle bondisse et dise : "Coucou ! Regardez-moi" », avoue le Portnoy de Philip Roth.

L'expérience peut être embarrassante – et humiliante, s'il s'ensuit une éjaculation intempestive.

La majorité des hommes connaissent leur premier « envoi » en se masturbant ; certains autres en font involontairement l'expérience pendant leur sommeil, mais quelques-uns sont assez malchanceux pour connaître cet émoi en public. Ils découvrent alors que la soudaine sensation d'« abandon » de leur corps et les violents battements de leur cœur les remplissent d'une angoisse révélatrice d'un phénomène inconnu. Comme il le raconte dans son autobiographie *Flannelled Fool*, T. C. Worsley connut la peur de sa vie quand un professeur de Marlborough lui expliqua : « Il peut arriver que vous découvriez que quelque matière blanche s'échappe de vos parties intimes, Worsley. Ne vous en faites pas. Ce n'est qu'une espèce de *maladie*, comme la rougeole. »

Si l'éjaculation spontanée est rare chez les adultes, elle peut néanmoins se produire, comme ce don Juan patenté de James Boswell l'apprit à ses dépens tandis qu'il était en train de faire du plat à une femme à l'opéra. Moins rare tout de même, l'érection non sexuellement provoquée (le numéro préféré du poète Rupert Brooke consistait à plonger dans la rivière Cam avant d'en ressortir en érection, ce qui impressionna beaucoup Virgina Woolf) peut naître à tout moment. En témoigne le héros d'âge mûr du roman de Hanif Kureishi *Intimité* qui, alors qu'il assiste à un cours de yoga en compagnie de son épouse, devant le spectacle de femmes séduisantes vêtues de justaucorps colorés et « adoptant des positions audacieuses » se reflétant dans de longs miroirs, sent son pénis se dresser dans son caleçon « comme pour dire : "N'oublie pas que moi aussi, je suis toujours là !" »

Ce genre d'érection passe en général rapidement ; d'autres peuvent durer plus longtemps, en particulier quand un contact physique est établi, comme c'est inévitablement le cas dans un ascenseur ou dans un wagon bondé. À l'instar de Samuel Pepys, certains possesseurs de pénis recherchent délibérément ce type de contact dans des lieux publics. Le « frottage », comme on l'appelle, aussi nommé « poinçonnage dans la mêlée » par les victoriens, a fait des émules parmi les *salarymen* de

Tokyo, où l'on dénombre chaque année quelque deux mille arrestations pour outrage à la pudeur.

Les pistes de danse sont le théâtre d'un autre genre de frottage. Une érection qui vient à se produire peut occasionner quelque gêne entre les deux parties concernées. Évoquant dans son journal intime un partenaire qui « sur la piste de danse me serrait de très près, la forme dure de son pénis raidie contre mon estomac », la poétesse Sylvia Plath, alors âgée de dix-sept ans, conclut : « J'eus l'impression que du vin chaud se répandait en moi. »

Sise dans le cerveau et à peine plus grosse qu'un grain de riz, la glande pinéale servait, selon les scientifiques du XVIIe siècle, d'interface entre l'esprit et le corps (le philosophe René Descartes voyait en elle le siège de l'âme). On croyait également qu'elle possédait une fonction sexuelle, d'où son nom ; des textes médicaux de l'époque la qualifient de « membre ou verge du cerveau ». En réalité, l'activité sexuelle naît dans l'hypothalamus qui synchronise notamment les rythmes du sommeil et de la veille – via la mélatonine sécrétée par la glande pinéale – eux-mêmes en grande partie conditionnés par la perception visuelle. En un sens, le XVIIe siècle ne se trompait pas quand il prêtait à la glande pinéale un caractère sexuel, l'œil jouant également un rôle fondamental. « Les hommes baisent avec leurs yeux », disent les Espagnols (qui parlent de façon plus policée de *mirada fuerte*, ou « regard appuyé »). « En Andalousie, l'œil est apparenté à un organe sexuel », écrit David Gilmore dans *Aggression and Community : Paradoxes of Andalusian Culture*. David Thomson, critique cinéma au *Guardian*, déclara un jour que les femmes ne pouvaient pas être des « auteurs » parce que leur faisait défaut la primauté du regard mâle, lequel est essentiellement voyeuriste tant les hommes (res)sentent avec leurs yeux – tout comme la caméra. La femme de Thomson résuma la chose d'une manière très andalouse : les hommes « voient avec leur bite ». Et ils voient la tentation partout :

> Quotidiennement, le pénis est la proie de spectacles sexuels dans les rues, les magasins, les bureaux, sur les affiches et dans les spots télévisés – le regard concupiscent d'un top model blond faisant jaillir de la crème d'un tube ; les aréoles imprimées sur le chemisier en soie de l'hôtesse d'une agence de voyages, un troupeau de fesses en jeans moulants sur l'escalator d'un grand magasin ; les parfums émanant du rayon cosmétiques : musc extrait des parties génitales d'un animal pour en exciter un autre.
>
> (Gay Talese, *Thy Neighbour's Wife*)

Il est vrai que les hommes regardent avec concupiscence les jambes, les seins, les fesses de quasiment toutes les femmes, et ce quel que soit leur degré d'attirance pour elles. C'est là une activité largement subliminale : pareils à des logiciels antivirus, les hommes vérifient et revérifient sans cesse ce qui leur est proposé. Les femmes ne se comportent généralement pas de la sorte. C'est en partie dû au fait qu'elles ne possèdent pas le même seuil de stimulation visuelle que les hommes – raison pour laquelle la plupart d'entre elles ne sont pas excitées par la vue des parties génitales masculines ; comme l'a découvert Kinsey, moins d'une sur cinq veut que la lumière reste allumée quand elle fait l'amour, alors que presque tous les hommes en ont envie à un moment donné de leur vie.

Bien des études ont essayé de mesurer la récurrence des pensées à caractère sexuel chez un homme, et ce avec des résultats spectaculairement différents : d'une fois toutes les sept secondes selon Kinsey à au moins une fois toutes les vingt-quatre heures selon l'*International Journal of Impotence Research* – cette dernière enquête plaçant les hommes britanniques sur la plus haute marche du podium européen en la matière. Ce qui est certain, c'est que les pensées sexuelles rôdent toute la journée et pratiquement toute la nuit à l'arrière du cortex visuel masculin. Quand c'est le cas, la zone concernée de l'hypothalamus des hommes, une zone de leur cerveau près de trois fois plus développée que dans celui de la femme, s'illumine telle une machine à sous, ainsi qu'en témoigne la neuro-imagerie.

> Je donnerais tout ce que j'ai
> (Argent, clés, portefeuille, vêtements)
> Pour planter mon outil
> Dans la plus jolie fille
> Du lycée de Warwick King

écrivit le poète Philip Larkin à son ami Kingsley Amis. Un fantasme vague que la plupart des hommes connaissent, même s'ils l'expriment rarement en vers.

Le cerveau du possesseur de pénis est son organe sexuel le plus actif. Il ne se met au repos que lorsqu'il dort – encore que, tout comme son pénis, même dans ce cas ce ne soit pas tout à fait vrai. La principale raison est à chercher du côté de la testostérone, l'hormone mâle fabriquée dans des cellules spécialisées (cellules de Leydig) situées entre les cordons spermatiques des testicules. Dans l'utérus, la testostérone formate à la fois les parties génitales et le cerveau masculins. À la puberté, la testostérone, qui fait massivement irruption dans le corps masculin, fait muer la voix de l'homme et pousser ses poils en même temps qu'elle rend chez lui le désir irrépressible. Si l'on en croit le psychologue David Buss, la différence d'intensité du désir entre l'homme et la femme est alors « comparable à la distance qui sépare un homme et une femme lorsqu'ils lancent une pierre ».

Comme il le raconte au soir de sa vie dans *The Summer of a Dormouse*, le dramaturge et romancier John Mortimer partageait, à Oxford, son majordome Bustyn avec le futur archevêque de Canterbury, Lord Runcie. À ce dernier qui lui demandait un jour pourquoi il y avait toujours des jeunes femmes dans la chambre de Mortimer et pourquoi celui-ci portait des pantalons en velours violet, Bustyn répondit de façon énigmatique : « Mr Mortimer, Sir, possède un membre irrépressible. »

Sexuellement et métaphoriquement parlant, tous les hommes portent des pantalons en velours violet. Leur désir – et le besoin impératif de variété qui l'accompagne – est effectivement irrépressible. Parfois, « il les déboussole et leur fait quémander la nuit les faveurs de femmes dont ils préfèrent oublier le nom le matin venu », note Gay Talese. Et les conduit à trahir celle qu'ils aiment. Le désir peut se montrer tyrannique au point de faire perdre la raison aux hommes et de les persuader qu'« il existe des "coups" pour lesquels un homme serait capable de noyer sa compagne et ses enfants dans un océan glacé », écrit Hanif Kureishi. Lenny Bruce disait que lorsque les hommes sont totalement privés de femmes, ils « baiseraient de la boue ».

Après avoir visité l'Égypte, Hérodote rapportait que « de même que lorsque des femmes très belles ou célèbres viennent à décéder, de même, à la mort de leurs épouses, les hommes de haut rang ne les livrent pas immédiatement aux embaumeurs mais attendent trois ou quatre jours afin que ces derniers ne puissent pas avoir des rapports sexuels avec elles ». Dans *Ma vie secrète*, le victorien dénommé Walter parle de la soif du mâle pour les rapports sexuels en des termes qu'aucun possesseur de pénis ne renierait :

> Tant que l'on ne peut pas se permettre de payer pour du con ou que l'on ne connaît pas de con capable de vous engloutir dans l'amour, la bite reste un objet forcené qui insiste pour que votre cul l'enfonce quelque part et par tous les moyens jusqu'à ce que sa raideur se dissipe.

Le *Kama Sutra* observe que la plupart des hommes frustrés par le manque de femmes « empoignent le lion ». Certains, cependant, « doivent se satisfaire grâce aux vagins d'autres espèces, juments, chèvres, chiennes, brebis… ou avec d'autres hommes ».

Si la bestialité (ou zoophilie) a presque toujours été universellement condamnée, avant le XIXe siècle la culture occidentale avait tendance à considérer les rapports sexuels entre hommes comme n'étant rien de plus que la manifestation d'une pulsion lubrique ; il était d'ailleurs de mise pour tout dandy élisabéthain d'avoir une « aine », un petit ami imberbe aux manières peu viriles, et de frayer avec l'étrange « Ganymède » ou garçon-putain (le jeune Ganymède était courtisé par Jupiter, le père des dieux) sans pour autant se voir accuser d'être un sodomite. Mais le XIXe siècle diabolisa cette pratique en la qualifiant de « déviante » (à partir de la seconde moitié du XXe siècle, les sexologues lui préférèrent l'emploi du moins connoté mot « variant »).

L'homosexualité est condamnée par environ la moitié des sociétés, la majorité des autres ferment les yeux, et celles qui restent l'ignorent. Kinsey affirmait que le spectre de la sexualité humaine étant très vaste, l'homosexualité était inscrite dans nos gènes, théorie réfutée par beaucoup comme résultant d'un déterminisme simpliste. Ce qui est en revanche incontestable, c'est que le nombre d'hommes qui se revendiquent hétérosexuels et ont eu une relation d'ordre homosexuel est beaucoup plus élevé qu'on pourrait l'imaginer.

Kinsey classait les manières dont un homme peut atteindre l'orgasme (ou l'« exutoire total », comme il préférait l'appeler) en six catégories : pollution nocturne, masturbation, caresses hétérosexuelles, rapports hétérosexuels, activité homosexuelle et contact animal. Si bien peu d'hommes ont expérimenté toutes ces catégories, tel n'est pas le cas de l'un des sujets de Kinsey, le très actif Mr King qui tenait scrupuleusement le compte de ses rapports sexuels avec des petites filles (deux cents), des petits garçons (six cents), d'innombrables adultes des deux sexes, parmi lesquels sa grand-mère, son père et quinze autres parents, sans compter quelques animaux de ferme. À l'âge de soixante-trois ans, il démontra qu'il était capable d'éjaculer en dix secondes en se masturbant.

Les hommes hétérosexuels font, tout comme leur pénis, preuve de multiples comportements variants.

Alors que pour la plupart des hommes les pensées érotiques impliquant une femme sont souvent suffisantes pour galvaniser les hormones et neurotransmetteurs, pour certains cela ne s'avère pas suffisant. Dans *Justine*, le marquis de Sade évoque ainsi le comte de X, incapable d'obtenir une érection autrement qu'en trichant au jeu. Le pionnier de la sexologie Havelock Ellis (bizarrement impuissant lui-même jusqu'à l'âge de soixante ans, moment où il découvrit que le spectacle d'une femme en train d'uriner le « soulevait ») rapporte qu'une jeune prostituée lui avait confié qu'un de ses clients ne pouvait atteindre l'orgasme que si elle tordait le cou d'un pigeon sous ses yeux. Alfred Kinsey se souvient d'un ministre du culte congrégationaliste qui n'avait d'érections que lorsqu'il voyait une unijambiste s'aidant de ses béquilles.

Selon le même Kinsey, le cerveau de presque tous les hommes fait preuve d'une intense curiosité sexuelle totalement étrangère à la plupart des femmes. Les hommes veulent expérimenter. Sade et Henry Miller essayèrent tous deux d'avoir des rapports sexuels avec des pommes dont ils avaient extrait le trognon avant de les farcir de crème. De même que le Grec Clisyphe « viola la statue d'une déesse du temple de Samos après avoir placé un morceau de viande en un certain endroit », le Portnoy de Philip Roth a des rapports sexuels avec un morceau de foie : « J'ai baisé le dîner de ma propre famille ! » Et quelques jeunes hommes ont terminé aux urgences après avoir tenté d'avoir des rapports sexuels avec un aspirateur.

UN JEU
QUI SE JOUE À DEUX

La masturbation solitaire (les « secousses de l'invention » de Shakespeare) est, cela va de soi, le plus commun des exutoires, bien souvent la seule activité sexuelle de la jeunesse mais également une soupape de sûreté pour la quasi-totalité des hommes adultes, aussi riche que soit leur vie sexuelle et ne serait-ce que de façon sporadique. (De nombreux écrivains parmi lesquels Pepys, Voltaire, Kierkegaard, Gogol, Rousseau, Flaubert et Walt Whitman ont affirmé que cette pratique était pour eux source d'inspiration.) Comme tant d'autres termes relatifs au sexe, le mot « masturbation » est une création du XIXe siècle.

Freud soutenait que la masturbation était exclusivement masculine et infantile. Kinsey, lui, fit remarquer que la moitié des femmes se masturbaient elles aussi, quoique beaucoup moins fréquemment, mais de façon plus subtile en raison de leur imagination romantique. En bonnes créatures visuelles qu'ils sont, les hommes veulent des images concrètes (d'où leur attirance pour la pornographie), ou à tout le moins un résidu d'image de ce genre inscrit sur leur rétine. Le fantasme peut toutefois se présenter en trois dimensions : dans son autobiographie *Timebends*, Arthur Miller raconte qu'un jour où il se trouvait dans une librairie en compagnie de son épouse Marilyn Monroe, il vit un homme se masturber à travers son pantalon tout en la regardant.

Se faire masturber par une femme, chose que Kinsey classait de façon quelque peu dédaigneuse dans la catégorie du pelotage hétérosexuel, est une expérience infiniment plus exaltante que l'onanisme – à la condition, comme le souligne Alex Comfort dans *Les Joies du sexe*, que la femme « possède le don divin de la lubricité », ne traite pas le pénis comme un levier de vitesse et accomplisse sa tâche « avec subtilité, sans hâte et sans pitié ». Cela ne saurait toutefois équivaloir à « avoir une relation sexuelle ».

Et qu'en est-il des rapports oraux (orogénitaux ou buccaux) que Kinsey classait dans cette dernière catégorie ? En 2010, son institut découvrit que pour presque un tiers des Américains le sexe oral n'en était pas vraiment – venant conforter par là la ligne de défense de Bill Clinton qui affirmait ne pas avoir eu de vrais rapports sexuels avec Monica Lewinsky à l'occasion des gâteries qu'elle lui avait prodiguées dans le Bureau ovale (le fait que Clinton ait en même temps fumé le cigare, symbole phallique par excellence, ne faisant qu'ajouter un zeste de bouffonnerie à l'affaire). En tant que source de gratification sexuelle, le sexe oral n'est, pour la plupart des hommes, pas très loin d'égaler les rapports vaginaux. Alors qu'il était président, Bill Clinton confia un jour à une hôtesse de l'air que c'était « de loin son truc préféré » ; de fait, si on lui proposait de choisir entre sexe oral et sexe vaginal, un homme sur cinq opterait pour le premier.

On prônait jadis la fellation tout autant que les bains. En Mésopotamie, d'ailleurs, le même mot était employé pour désigner le sperme et l'eau fraîche – tous deux fertilisant la vie. De nombreuses cultures antiques, notamment les cultures indienne et chinoise, célébraient la fellation. Les Grecs et les Romains, eux, entretenaient une sorte de complexe à ce sujet. Bien que considérant la fellation comme malsaine, ils la pratiquaient malgré tout du bout des lèvres, pourrait-on dire. Il existait également une variante, nommée *irrumatio*, dans laquelle la bouche d'un tiers était utilisée comme orifice passif à des fins de pénitence ou d'humiliation – un acte qui avait plus à voir avec des relations de domination qu'avec le plaisir sexuel. Quant au cunnilingus, il était impensable pour la quasi-totalité des Romains : la bouche mâle, source de l'éloquence, ne pouvait être souillée de la sorte.

En dépit des interdits de l'Église, l'Europe médiévale ne renonça pas à la fellation. Après que la peste eut scellé le sort des bains publics et pendant les siècles suivants au cours desquels on croyait que ces mêmes bains dilataient les pores et permettaient ainsi à la maladie de pénétrer le corps, le sexe oral a sans doute été pratiqué avec moins d'entrain, mais il est peu probable que les mesures prises, allant jusqu'à sa criminalisation (des siècles durant, il fut considéré comme un genre de sodomie), aient été très dissuasives. Les petits annuaires des quelque trente mille prostituées qui œuvraient à Paris au XVIIIe siècle sont là pour en témoigner, beaucoup d'entre elles affirmant que le sexe oral était leur spécialité alors même que la médecine de l'époque considérait cette pratique comme un signe de dérèglement mental. Curieusement, le libidineux James Boswell, qui passait son temps à se plaindre que les filles ramassées dans les rues du Londres du XVIIIe siècle lui transmettaient des blennorragies, ne leur a pas une seule fois, comme le prouve son journal intime, demandé de recourir à cette alternative moins risquée.

Dans les années 1940, Kinsey révéla que seuls quatre hommes mariés sur dix pratiquaient le sexe oral. Un quart de siècle plus tard, presque deux tiers des hommes en avaient fait l'expérience, selon la Playboy Foundation, dont neuf sur dix avant l'âge de vingt-cinq ans. Depuis la performance de Linda Lovelace dans le film *Gorge profonde*, la fellation semble être entrée dans les mœurs occidentales. Au cours des dernières décennies, sa pratique s'est développée de façon exponentielle chez les jeunes – en tant que préliminaire parmi d'autres.

Bien entendu, le sexe oral est une route à double sens (« Se manger l'un l'autre est sacré », écrit John Updike dans *Couples*). Mais alors que la pratique du cunnilingus est deux fois moins élevée que celle de la fellation chez les couples non mariés, en grande partie pour des raisons d'inconfort et de promiscuité, l'échange est équitable chez ceux qui entretiennent une relation stable. Si le pénis peut être envieux de quelque chose, c'est bien de la langue de son possesseur.

La raison pour laquelle les hommes trouvent au sexe oral un goût à nul autre pareil, c'est que les lèvres de la bouche des femmes savent faire infiniment plus de choses que celles de leur vagin, et que leur langue agile est, selon le mot de Bradley Gerstman, Christopher

Pizzo et Rich Seldes, auteurs de *Ce que veulent les hommes*, le « couteau suisse du sexe » ; quant aux dents, elles peuvent être utilisées de façon très excitante pour mordiller et pincer. Les Japonais appellent la fellation la « musique de la bouche », et il est indéniable qu'une femme experte en la matière peut jouer d'un homme comme on joue d'une flûte. La fellation permet-elle à l'homme ou à la femme d'exercer une domination physique ou psychologique quelconque ? Les hommes ne s'en soucient guère, trop heureux de voir une femme prendre leur pénis dans sa bouche.

Seul un nombre peu élevé d'entre eux souhaitent pourtant éjaculer dans la bouche de leur partenaire. Quels que soient les sentiments qu'elles éprouvent pour leur partenaire et le plaisir qu'elles tirent du sexe oral – plaisir qui atteint rarement celui de Jordana qui, dans *Le Pirate*, dit vouloir « avaler Jacques tout entier et s'étouffer à mort avec son superbe outil géant » –, la plupart des femmes rechignent à l'éjaculation buccale. Contrairement à l'extase affichée par celles que montrent les sites pornographiques, beaucoup d'entre elles éprouvent un sentiment de dégoût ; même les possesseurs de pénis l'admettent, l'odeur et le goût du sperme ne sont pas vraiment un pur délice.

L'odeur de ce qu'au XVIIIe siècle le médecin John Hunter qualifiait de « substance fade » a été comparée à celle des algues, du musc, du pollen, des fleurs du marronnier, d'une serre en hiver – des comparaisons a priori charmantes –, mais la plupart des êtres humains s'accordent à penser que l'odeur du sperme ressemble à celle de l'eau de Javel plus qu'à toute autre. Quant à son goût, le *Brihat Samhita* suggère qu'il s'apparente à celui du miel ; la plupart des femmes pencheraient plutôt, au minimum, pour du poisson. Dans *Purple America* de Rick Moody, Jane Ingersoll songe rêveusement que le « lait caillé » des hommes a un goût de « dentifrice avalé avec un verre de sauce soja ».

Le régime alimentaire joue sur les odeurs corporelles, et cela est également vrai, dans une certaine mesure, de l'éjaculat. La viande rouge et les laitages sont censés produire le goût le moins plaisant, suivis de l'asperge, de l'oignon et de l'ail. La bière et le tabac ont, eux, des effets délétères. À l'inverse, la plupart des légumes, la menthe poivrée, le persil, la cannelle et les agrumes sont réputés rendre l'éjaculat plus acceptable. Ainsi, on commercialise aux États-Unis une boisson en poudre à base d'ananas, de banane, de fraise, de brocoli et de céleri « extrêmement concentrée, contenant trois épices essentielles et enrichie de vitamines et de minéraux » censée rendre le sperme sucré « en vingt-quatre heures seulement ».

L'éjaculat ordinaire ne fera en tout cas pas grossir son récipiendaire – il ne contient que d'une à trois calories.

Devant derrière

Dans combien de positions différentes un homme et une femme peuvent-ils avoir des rapports sexuels ? La littérature indienne, chinoise, japonaise et arabe sur le sujet était jadis obsédée par le calcul des probabilités et aboutissait à des centaines de propositions.

De façon plus prosaïque, les Grecs affirmaient qu'il existait environ une douzaine de positions, sans pour autant prendre la peine de toutes les décrire (ainsi, le « lion sur la râpe à fromage » laisse encore aujourd'hui perplexes bien des érudits). Si l'on tient compte des lois de la physiologie humaine et que l'on met de côté les figures les plus improbables – tel le « plantage de clou » du *Kama Sutra*, où la femme couchée face contre terre étend une jambe en arrière tout en plaçant l'autre derrière sa tête –, la liste suivante est toutefois difficilement contestable : l'homme dessus ou dessous ; la femme dessus ou dessous, face à son partenaire ou lui tournant le dos ; côte à côte, se faisant face ou la femme retournée ; l'un ou l'autre assis ou à genoux ; la femme à quatre pattes et son partenaire derrière elle ; tous deux debout, ou uniquement l'homme – tout en utilisant ou non les meubles comme accessoires, apparemment une fixation chez les Chinois.

Pour l'Église médiévale européenne, l'homme devait être couché sur la femme, toute autre position étant jugée perverse. Plus tard, les élisabéthains affirmèrent la même chose, principalement parce qu'ils pensaient que le sexe pratiqué face à face distinguait l'homme des animaux (ils auraient été horrifiés d'apprendre que les bonobos, les orangs-outangs et à l'occasion les gorilles se laissent parfois aller à des relations sexuelles de ce type). Si l'on ne trouve pas de sexe « femme sur l'homme » dans Shakespeare, cela ne signifie cependant nullement qu'il ne se pratiquait pas dans l'Angleterre de son époque.

Certains historiens de l'art antique et certains anthropologues pensent que ce qui est aujourd'hui universellement connu sous l'appellation de « position du missionnaire » n'était souvent adopté, dans les premières grandes civilisations, que lorsque la conception était désirée, car elle garantissait l'« écoulement adéquat du sperme ». Quand il s'agissait du seul plaisir, en revanche, elle était loin de figurer parmi les préférées des Sumériens, des Indiens, des Perses, des Romains et des Grecs, qui tous privilégiaient la position « femme dessus » – les hétaïres, les courtisanes/prostituées grecques, faisaient ainsi payer le prix fort pour la « course de chevaux », qui les voyait s'asseoir à califourchon sur un client allongé sur le ventre.

Que les Grecs aient eu une appétence particulière pour le sexe anal, aussi bien hétérosexuel qu'homosexuel, est aujourd'hui contesté – même si, du point de vue de la femme, l'acte présentant de toute évidence l'avantage de lui éviter tout risque de grossesse, les prostituées de toutes les classes sociales devaient assurément consentir un prix. Ce qui ne fait pas de doute en revanche, c'est que les hommes avaient une prédilection pour la pratique du sexe vaginal avec introduction par l'arrière, généralement à l'occasion de quelque « coup tiré en vitesse » dans la rue, la femme s'adossant au « pénétrant » (moins cher) ou se courbant pour poser ses mains sur ses genoux ou sur ses pieds (plus cher). Le sexe vaginal pratiqué debout par l'arrière n'était pas l'apanage des seuls Grecs : une étude anthropologique publiée il y a soixante ans identifia huit peuplades primitives disséminées à travers le monde qui le pratiquaient à la même époque « uniquement à l'occasion de rencontres brèves et impromptues dans les bois ».

Il en allait autrement dans les îles du Pacifique ainsi que dans certaines régions d'Afrique (notamment l'Éthiopie), où la position la plus courante voyait la femme étendue et l'homme accroupi entre ses jambes.

Les îliens jugeaient les pratiques sexuelles des Européens à la fois indécentes et amusantes. Interprétant de façon erronée le journal d'un anthropologue qui, dans les années 1920, avait vécu parmi les Trobriandais, Kinsey écrivit que les missionnaires chrétiens avaient enseigné aux indigènes que seuls les rapports sexuels au cours desquels la femme se plaçait sous l'homme étaient convenables. Les missionnaires n'avaient en réalité rien prôné de tel, ce sont en fait les indigènes qui, pour se moquer des Européens, avaient affirmé que les évangélisateurs les avaient forcés à adopter cette position ridicule. L'erreur de Kinsey est au fond sans importance, à ceci près qu'elle a donné à la position autrefois connue sous le nom de « position dominante » ou « papa-maman » un nouveau nom de baptême.

De nos jours, la position du missionnaire est la plus communément pratiquée dans le monde. Sa popularité a été attribuée au désir psychologique conjugué de domination de l'homme et de soumission de la femme, ou au fait que le sexe pratiqué face à face (et cœur à cœur) crée une intimité incomparable. D'un point de vue strictement physiologique, il s'agit apparemment bien là de la manière la plus naturelle pour un corps masculin et un corps féminin de se connecter. Dans *Purple America*, Jane Ingersoll se morfond en se disant que « la position du missionnaire est aussi ennuyeuse que les flocons d'avoine ». Ce n'est pas obligatoirement le cas, avec un peu d'imagination – et la pratiquer n'exclut pas d'adopter d'autres positions quand on veut varier les plaisirs. Certaines personnes n'essaient jamais de changer, d'autres sont plus aventureuses. Comme l'écrivait Casanova, « les trois quarts de l'amour sont faits de curiosité ».

Violentes mécaniques

Les féministes, au premier rang desquelles l'écrivain et universitaire Germaine Greer, récusèrent le mot *fuck* (baiser) au prétexte qu'il signifiait originellement « frapper » impliquant donc que les rapports sexuels étaient placés sous le signe d'une violence faite aux femmes. Mais les rapports sexuels requièrent de la vigueur physique – autrement dit une certaine forme de violence – de la part de l'homme s'il veut les mener à bien, et ce n'est certainement pas un hasard si les Grecs qualifiaient les rapports sexuels de « violente mécanique ».

Il résulte de ce qui précède que le possesseur de pénis éjacule en moyenne au bout de quatre minutes à partir de la pénétration – donnée entérinée par des générations de sexologues. Un sondage effectué en 2005 simultanément en Grande-Bretagne, aux États-Unis, en Espagne, aux Pays-Bas et en Turquie, et dont les résultats furent publiés dans le *Journal of Sexual Medicine*, proposait, lui, une moyenne supérieure à cinq minutes. S'agissant d'une auto-évaluation, ce sondage pourrait bien être aussi fiable que celui sur la longueur du pénis (les Britanniques s'affirmaient les plus endurants avec une moyenne supérieure à sept minutes, tandis que les Turcs se montraient les plus rapides). Selon un autre sondage réalisé en lien avec des sexothérapeutes américains qui posèrent cette fois directement les questions à leurs patients masculins et féminins, de sept à treize minutes constituerait la durée « souhaitable », de trois à sept minutes serait jugé « correct » et d'une à deux minutes « trop court ». Dans un roman de Rick Moody, *Tempête de glace*, un homme a des rapports avec la femme d'un de ses amis à l'avant de la Cadillac de celui-ci « en moins de temps qu'il n'en faut pour dégivrer un pare-brise ».

« Coït » et « copulation », les deux termes normatifs modernes servant à désigner les rapports sexuels, sont rarement employés dans le langage courant. Tout au long de l'Histoire, les gens ont presque toujours préféré les expressions argotiques, volontiers vulgaires et ayant souvent une connotation « violente ».

Les prostituées indiennes du XVIIIe siècle se gaussaient de la manière qu'avaient les mâles européens de « cavaler » vers l'éjaculation et les tournaient en dérision en les qualifiant de « coqs de fumier » : elles étaient habituées à mieux, du moins de la part de leurs clients éclairés des castes supérieures. Comme le démontrent à l'évidence les littératures érotiques hindoue ou bouddhiste et d'autres encore, le plaisir de la femme est fondamental dans l'activité sexuelle et l'homme se doit de se retenir de jouir afin qu'elle connaisse autant d'orgasmes qu'elle le souhaite. En s'aidant des techniques de méditation adaptées au sexe enseignées pendant des millénaires par les maîtres tantriques et taoïstes, l'homme peut copuler sans jouir pendant un laps de temps considérable, voire presque indéfiniment. Il y parvient avant tout en comprenant que l'orgasme et l'éjaculation sont deux choses différentes : l'éjaculation se produit dans le pénis tandis que l'orgasme se produit dans le cerveau – lequel, bien entendu, déclenche l'éjaculation. Kinsey fit remarquer à ce propos que la moitié des garçons âgés de cinq ans connaissent des orgasmes longtemps avant d'être en âge de pouvoir éjaculer. Masters et Johnson mirent plus tard en évidence que, chez certains hommes, l'éjaculation ne se produit que quelques secondes après l'orgasme, preuve s'il en est besoin qu'il s'agit là de deux fonctions distinctes.

Les empereurs de Chine avaient autrefois de bonnes raisons de faire l'apprentissage d'un self-control à toute épreuve. On leur demandait en effet d'entretenir cent vingt et une épouses, nombre censé avoir des propriétés magiques, et de faire l'amour à dix d'entre elles chaque nuit (leur secrétaire sexuel tenait la comptabilité), chose impossible s'ils avaient éjaculé lors de chaque accouplement. Plus près de nous, Abdelaziz al-Saoud, le premier roi de l'Arabie saoudite moderne, pratiquait le même type d'autodiscipline – depuis l'âge de onze ans jusqu'à sa mort en 1953, il honora trois femmes différentes chaque nuit. On peut également citer le prince Ali Khan, play-boy international et fils du chef des musulmans ismaéliens qui, dans les années 1940 et 1950, entretint plus d'un millier de liaisons en Europe et aux États-Unis et était connu pour faire l'amour avec une femme en voiture tandis qu'il se faisait ramener de chez une autre et conduire chez une troisième. Pour garder la forme, Ali Khan ne s'autorisait pas à éjaculer plus de deux fois par semaine.

Au cours des dernières décennies, certains Européens ont affirmé avoir appris à devenir multi-orgasmiques, à connaître plusieurs orgasmes grâce à une seule érection et même à atteindre la véritable extase sexuelle – un état dans lequel, dit-on, l'orgasme ne se libère pas uniquement à travers les parties génitales, mais à travers le corps tout entier. On prétend que les adeptes du sexe tantrique (les plus célèbres étant le chanteur Sting et sa femme Trudie Styler) sont capables de faire l'amour pendant cinq heures sans interruption, durée que l'on peut tout de même être en droit de considérer un tantinet exagérée.

Il est des moments où tout possesseur de pénis est désireux de prolonger son activité. La plupart du temps, il met un terme provisoire au processus en cessant de s'activer, en demandant à sa partenaire de demeurer immobile ou en pensant à autre chose – plus cette chose sera terre-à-terre, mieux cela vaudra. Ou alors il s'efforce de faire baisser la température de quelques degrés en se retirant. Plus risqué, à l'approche du point de non-retour, certains tentent de court-circuiter leur réaction soit en serrant la base de leur pénis, soit en comprimant fortement leur périnée, à mi-chemin entre le rectum et le scrotum, soit encore en repoussant leurs testicules vers le fond du scrotum – les testicules remontent pendant le processus éjaculatoire. Connus depuis des siècles, ces gestes peuvent dans une certaine mesure aider. Certains vont jusqu'à enfiler plusieurs préservatifs, ou encore un préservatif traité avec un anesthésique peu puissant destiné à engourdir les sensations – ce qui peut avoir l'effet inverse de celui escompté. On raconte que Walt Disney s'enveloppait parfois le scrotum dans de la glace pour prolonger ses rapports avec sa femme.

Mais que le possesseur de pénis soit ou non un bon amant capable de satisfaire sa partenaire, qu'il recherche ou pas l'imprévisible orgasme simultané, qu'il se retienne pour son propre plaisir, pour celui de sa partenaire ou pour celui des deux – le dénouement finit toujours par arriver. Son corps enregistre alors une myriade de réactions.

Sa tension artérielle diastolique, normalement située aux alentours de 6,5, grimpe à 16, la systolique passe de

12 à près de 25. Son pouls, qui bat normalement autour de soixante-dix à quatre-vingts pulsations par minute, s'emballe pour atteindre cent cinquante, voire parfois beaucoup plus. Du fait de la sous-oxygénation, sa respiration devient irrégulière. Ses sens olfactif et gustatif se dégradent, son audition se détériore, sa vision se réduit à tel point qu'il peut être incapable de distinguer des objets situés de part et d'autre de lui. Son scrotum se contracte, ses testicules dilatés par la vasoconstriction remontent et vont chez beaucoup jusqu'à se plaquer contre la verge tandis que, dans de très rares cas, ils vont jusqu'à disparaître dans la cavité abdominale.

Tandis que ses va-et-vient se font moins amples, plus rapides et plus impétueux, les glandes de Cowper entrent en action. Gros comme des petits pois et situés immédiatement sous la prostate, ces organes sécrètent quelques gouttelettes d'un mucus alcalin destiné à réduire dans l'urètre l'acidité urinaire susceptible d'endommager le sperme alors sur le point d'emprunter ce chemin. Les gouttelettes se forment à l'ouverture de l'urètre et peuvent être porteuses d'un peu de sperme à l'origine de grossesses non désirées – « sauter en marche » avant l'éjaculation n'est donc pas un procédé imparable. (Non sans ironie, alors qu'on appelait jadis cette sécrétion le « distillat d'amour », on nomme aujourd'hui le coït interrompu la « roulette vaticane ».) Pendant ce temps, la prostate et les vésicules séminales en forme d'ailes qui lui sont reliées pompent un fluide laiteux riche en protéines dans le canal éjaculateur situé à la racine de l'urètre, un milieu de suspension conçu pour accueillir le sperme que les conduits du canal déférent envoient simultanément depuis l'épididyme (petit organe en forme de virgule situé au sommet de chaque testicule) où il a maturé. Le sphincter situé entre la prostate et la vessie se referme, un peu comme un aiguillage ferroviaire, afin que le sperme ne se répande pas dans la vessie.

La prostate spasme.

Les nerfs rachidiens tremblent.

Des contractions parcourent toute la longueur de l'urètre.

Et puis, lors des ultimes coups de reins, la semence jaillit hors du pénis au rythme de trois à huit émissions, « la plus exquise sensation de la vie d'un homme » assurent Gerstman, Pizzo et Seldes (*Ce que veulent les hommes*).

La force avec laquelle le sperme sort du pénis dépend tout particulièrement de celle des spasmes de la prostate. Des surveillances cliniques d'hommes en train de se masturber ont montré que pour la plupart d'entre eux le sperme exsude ou jaillit à quelques centimètres à peine. Pour certains cependant, et de façon prévisible les plus jeunes, il peut atteindre soixante à quatre-vingts centimètres. Kinsey a enregistré quelques rares exemples d'hommes adultes dont l'éjaculat parcourait entre deux et trois mètres.

Certains possesseurs de pénis assimilent une éjaculation abondante à la virilité et se font en conséquence une idée exagérée du volume de la leur. Ils peuvent aussi, de façon totalement erronée, croire que plus abondante est l'émission, plus intense est le plaisir de la femme. Une caricature de l'illustrateur anglais du XIXe siècle George Cruikshank représentant Sir William Hamilton, son épouse Emma et l'amant de celle-ci, le futur amiral Nelson, illustre parfaitement cette idée ; tandis que Sir

William essaie vainement d'allumer une toute petite pipe et que Nelson tire énergiquement sur la sienne, qui est non seulement phallique mais touche le sol, Emma remarque : « La pipe du vieil homme est toujours éteinte tandis que la vôtre brûle avec une grande vigueur », ce à quoi Nelson répond : « Oui, je vais faire assez de fumée pour vous en remplir. » Dans les années 1970, le groupe pop 10cc choisit son nom en croyant qu'il symbolisait la norme de l'éjaculat humain. En réalité, celle-ci n'est que de deux à trois centimètres cubes – moins d'une cuillerée.

Après le coït, l'espace d'un bref ou d'un long moment, les corps des partenaires sont agités de spasmes plus ou moins violents. L'orgasme féminin peut être soit une fugitive ride sur l'eau, soit un tsunami ravageur dépassant de loin celui de l'homme qui est relativement constant, quelles qu'aient été la qualité et l'intensité du rapport. Les hommes sont susceptibles de s'agiter, de grogner et de crier comme s'ils « enduraient une indicible torture », notent Ruth et Edward Brecher (*Analyse du comportement sexuel humain*), eu égard aux efforts préalablement accomplis, aussi brefs aient-ils été, et parce que la tension qui les habite est plus difficile à évacuer compte tenu de leur masse musculaire. Mais certaines femmes entrent dans les mêmes violentes convulsions, roulant des yeux, martelant leur partenaire sans se soucier de se blesser ; certaines, très rares, vont jusqu'à perdre connaissance pendant quelques instants – il n'est donc pas étonnant que les Français surnomment l'orgasme *la petite mort*[*].

Le retour à la normale après la jouissance inverse alors les données physiologiques : les tensions neuromusculaires s'apaisent, le pouls et la tension se calment, le sang reflue et le pénis se flétrit, soit en s'affaissant, soit en battant peu à peu en retraite à la manière d'un soldat défait au front. Précautionneusement.

Au vrai, comment était-ce pour lui ? Et pour elle ? Étreinte fugitive ou prolongée, routinière ou frénétique, violente ou tendre, ou encore combinaison de tous ces possibles, les mots sont probablement inaptes à décrire les richesses infinies du sexe. Tout ce qu'ils peuvent traduire, c'est que le sexe est probablement à son meilleur quand la lascivité et l'amour sont synchrones, le cerveau anesthésié, le corps saturé de sensations, les peaux brûlantes en contact, les membres emmêlés et l'univers tout entier contenu dans les yeux de l'autre – un état dans lequel, comme le décrit Alex Comfort, « alors que le pénis dépend sans contestation possible de l'homme, il appartient en même temps aux deux » (*Les Joies du sexe*).

À l'exception des plus jeunes, aptes à maintenir une érection plusieurs minutes après l'orgasme, ainsi que de quelques rares possesseurs de pénis de tous les âges capables de rigidité pendant une demi-heure et qui, si les ébats se poursuivent, peuvent connaître un autre orgasme ou même plusieurs sans éjaculer, la quasi-totalité des hommes entrent après les rapports sexuels dans une période réfractaire au cours de laquelle il leur est impossible de réagir à quelque stimulus sexuel que ce soit. Période où leur pénis est si sensible que toute stimulation devient désagréable et même douloureuse. Les traités matrimoniaux du XIXe siècle recommandaient aux hommes qui atteignaient l'orgasme avant leur épouse de poursuivre leurs mouvements coïtaux jusqu'à ce que leur partenaire soit satisfaite, mais pour la quasi-totalité des hommes il s'agit d'une chose physiquement impossible. Et l'on tient là l'une des différences fondamentales entre les sexes : les femmes, elles, peuvent non seulement continuer à jouir si on les stimule, mais elles ne connaissent pas de phase clairement non réactive ; leur redescente des sommets s'effectue en pente douce – elles souhaitent alors venir se blottir contre leur compagnon de lit et papoter. À l'inverse, les hommes, dont les efforts peuvent parfois s'apparenter à ceux d'un travailleur de force ou d'un athlète en pleine action, s'écroulent une fois la ligne d'arrivée franchie.

« Je crois que les hommes parlent aux femmes pour pouvoir coucher avec elles, tandis que les femmes couchent avec les hommes pour pouvoir parler avec eux », avança un jour le romancier Jay McInerney. Bien entendu, les hommes essaient de se montrer prévenants, de couvrir de baisers et de caresses leur partenaire, de murmurer des mots doux, et parfois même ils y parviennent, véritablement. Mais la plupart du temps ce n'est pas qu'ils n'éprouvent pas de sentiments, c'est que, sauf à être obligés de façon impérieuse de se lever, ils sont pris d'une irrépressible envie de dormir. Ils n'y peuvent rien : l'hormone prolactine qu'ils ont libérée au moment de l'éjaculation les exhorte fermement à s'assoupir afin que le glycogène producteur d'énergie dilapidé pendant les rapports puisse se régénérer dans leurs muscles. Sans compter que plus un homme est satisfait de sa performance (son corps est envahi par l'euphorisante dopamine), plus il est susceptible de partir vite à la dérive.

Avantages

L'érection pénienne n'est pas seulement gage de gratification sexuelle, elle peut aussi, comme de nombreuses études le démontrent, contribuer à la santé et au bien-être de l'émetteur comme du récepteur. Les diverses hormones et autres composés chimiques libérés avant et pendant l'orgasme contribuent à réguler la tension, à faire baisser le taux de cholestérol, à améliorer la circulation sanguine, à modérer la douleur et à déstresser – une étude laisse même entendre que les rapports sexuels peuvent s'avérer jusqu'à dix fois plus efficaces que le Valium. L'amour physique peut également contribuer à régénérer les tissus, à stimuler la croissance osseuse, à brûler les calories (entre quatre vingt-cinq et cent cinquante en moyenne pour trente minutes d'activité) et à servir de coupe-faim en dopant une amphétamine qui régule l'appétit. Le sexe peut même accroître les capacités cérébrales – des rapports intenses encouragent les neurones à créer de nouvelles dendrites, ces filaments des cellules nerveuses qui permettent aux neurones de communiquer entre eux ; certaines données laissent penser que les personnes âgées encore sexuellement actives sont moins sujettes à la démence sénile.

Les femmes sont mieux loties encore puisque les rapports sexuels contribuent à l'élasticité durable de leur peau, stabilisent leur cycle menstruel et minimisent les bouffées de chaleur de la ménopause. Les hommes ne sont toutefois pas en reste. Une activité sexuelle régulière diminue les risques de cancer de la prostate et minimise, chez les plus âgés d'entre eux, la probabilité de développer une hypertrophie bénigne de cette même prostate. De plus, une activité sexuelle régulière contribue à l'allongement de la vie : une étude longitudinale portant sur les causes de mortalité, menée auprès d'environ un millier d'hommes sur une période de dix ans, a conclu que ceux qui ont une activité sexuelle deux fois par semaine risquent deux fois moins de succomber à un infarctus que ceux qui ne font l'amour qu'une fois par mois.

« PRÉCIEUSE SUBSTANCE », LE RETOUR

La peau du scrotum est la plus fine du corps humain – elle devient d'ailleurs translucide quand on l'expose à la lumière. Une journaliste du magazine *FHM* a écrit à ce sujet qu'elle aimait se glisser sous la couette avec une lampe-torche pour observer « la façon dont la peau change et rampe délicatement pour redessiner sans cesse d'hypnotiques canevas chair de poule ».

Si le cervelet est « ondulé », c'est dans le but d'accroître sa surface et ainsi la mémoire cognitive. La peau du sac scrotal est dotée d'ondulations similaires (ce qu'un Cleland dubitatif décrit dans *Fanny Hill* comme « les seules rides connues pour plaire »), mais avec une finalité différente qui est de permettre le maintien de la température du sperme à trois degrés au-dessous de celle du corps. Les replis doublent presque la surface du sac scrotal – Rabelais, dans *Le Tiers Livre* se gausse ainsi de Viardière dont « les couilles étaient étendues sur une table comme une cape à l'espagnole ».

À l'intérieur du scrotum, les testicules produisent des spermatozoïdes au rythme ahurissant de soixante-dix millions par jour. Seules cellules humaines conçues pour voyager en dehors du corps, ils ne constituent que 1 % à 5 % de l'éjaculat, le reste étant composé de fluides issus de la prostate et des vésicules séminales qui leur fournissent l'énergie nécessaire pour voyager. Au toucher, les testicules peuvent sembler être des masses solides, mais ces deux glandes dures renferment en réalité une infinité de minuscules tubes séminifères dans lesquels est élaboré le sperme à l'issue d'un processus qui peut durer entre deux et trois mois. Si on les dévidait, les tubes contenus dans les testicules atteindraient une longueur de plus de quatre cents mètres.

Le sperme est en permanence transféré depuis les testicules jusqu'à l'épididyme où il mûrit et acquiert à la fois sa motilité et les propriétés biochimiques nécessaires à la fertilisation des ovules, à la suite de quoi il reste dans une aire de transit en attendant les ordres. Quand il n'est pas éjaculé, il subit une autolyse, se dissout et est réabsorbé par le corps – au temps pour Baden-Powell qui, dans les années 1920, admonestait les jeunes masturbateurs en ces termes : « Vous gaspillez la graine qui vous a été confiée comme un fidéicommis au lieu de la conserver et de la laisser mûrir afin qu'elle vous donne plus tard un fils. »

Durée de vie d'un spermatozoïde : un mois dans l'aire de transit, deux jours dans le corps d'une femme et peut-être deux minutes sur un drap.

Un spermatozoïde sain est constitué d'une tête, d'un collet qui est sa centrale électrique et d'une queue ou flagelle. À l'intérieur de la tête en forme de pagaie, ovale et plate, on trouve le kit ADN. La tête porte une sorte de casquette contenant les enzymes conçues pour perforer la membrane qui protège l'ovule féminin. Au moment de l'éjaculation, c'est le sperme le plus ancien qui est éjecté le premier, mais le plus frais, qui le suit dans les derniers spasmes, parvient avant lui dans le mucus vaginal. Lorsqu'une femme n'est pas en période d'ovulation, les fluides de son vagin, de son col de l'utérus, de son utérus et de ses trompes de Fallope sont acides, et cette acidité tue les spermatozoïdes. Mais durant la brève période pendant laquelle elle ovule, ces fluides habituellement épais s'éclaircissent et deviennent alcalins pour donner le feu vert aux spermatozoïdes.

Au cours des cinquante dernières années, la quantité de spermatozoïdes produite par l'homme a diminué de plus de moitié (d'environ deux cents millions à environ quatre-vingt-dix millions par éjaculat) et continue de baisser de 1 % à 2 % chaque année. Les chercheurs ont identifié de nombreuses causes possibles à ce phénomène, parmi lesquelles les substances chimiques qui reproduisent l'action de l'hormone œstrogène femelle et que l'on trouve dans les matières plastiques et les peintures, les revêtements des boîtes de conserve, les couches jetables et les pesticides. L'œstrogène synthétique est également présent dans de nombreux médicaments, il est l'élément de base de la pilule contraceptive et se fraie un chemin jusque dans l'eau que nous consommons. La chaleur serait également en cause : les spermatozoïdes des hommes qui passent de longues heures assis en voiture décroissent en nombre et en vigueur, situation considérablement aggravée pour ceux qui possèdent des sièges chauffants. La chaleur des ordinateurs portables posés sur les genoux constitue également une menace.

En 2009, le biologiste Oren Hasson affirma pour sa part que les modes de vie stressants et la pollution ne pouvaient expliquer la tendance actuelle. Il suggéra que les « polyspermatozoïdes » en étaient à l'origine – les hommes produiraient aujourd'hui des super-spermatozoïdes tellement vigoureux qu'ils se joueraient des défenses érigées par le corps des femmes. Au moment où un spermatozoïde pénètre un ovule et où leurs chromosomes se mélangent, tous les autres spermatozoïdes sont censés devenir inefficaces. Hasson laisse entendre que les super-spermatozoïdes pourraient être si puissants que plusieurs d'entre eux seraient désormais capables de pénétrer l'ovule et de le détruire – mince réconfort pour les hommes qui n'arrivent pas à engendrer que de s'entendre dire que leurs spermatozoïdes sont *trop* virils.

La plupart des hommes, même les plus sains d'entre eux, seront probablement surpris d'apprendre que leurs spermatozoïdes ne sont pas tous les athlètes affûtés qu'ils croient : jusqu'à 50 % des spermatozoïdes ont des défauts morphologiques ou une motilité faible (voire inexistante). Seul un quart environ du sperme d'un éjaculat nage avec assez de force – à la moyenne d'un millimètre et demi par minute – pour atteindre son but. Dans les années 1990, le biologiste Robin Baker déclencha une polémique en affirmant que seul 1 % des spermatozoïdes avait une chance de devenir des « dénicheurs » – et ce parce que selon lui les spermatozoïdes regroupaient majoritairement deux autres types d'espèces, non conçues quant à elles pour la fertilisation : les spermatozoïdes tueurs, qui monteraient la garde et se tiendraient prêts à attaquer les spermatozoïdes d'un autre homme si nécessaire, et les spermatozoïdes bloqueurs qui noueraient leurs queues ensemble pour faire barrage à ce type d'intrusion. Toujours selon Baker, les spermatozoïdes non conçus pour atteindre l'ovule intervertiraient leurs rôles en vieillissant. La plupart, tueurs dans leur jeunesse, deviendraient par la suite bloqueurs dans la mesure où les tueurs auraient besoin d'être bourrés d'énergie et de mobilité tandis que les bloqueurs n'auraient besoin que de l'énergie nécessaire pour nager hors du bassin séminal et parcourir un court chemin dans le col de l'utérus.

La communauté scientifique a été incapable d'invalider formellement les affirmations de Baker, qui paraissent toutefois aujourd'hui en grande partie discréditées. Baker a cependant été un pionnier en s'interrogeant sur les raisons pour lesquelles l'homme produit une telle quantité de sperme – théoriquement assez en un seul éjaculat pour inséminer toutes les femmes fécondables de la planète. La réponse est à chercher dans la concurrence spermatique. Au temps où les femelles copulaient avec de nombreux mâles, les spermatozoïdes devaient en effet se battre entre eux pour arriver à fertiliser un ovule – et plus importante était la quantité de spermatozoïdes produits par un mâle, plus ses chances d'y parvenir l'étaient aussi.

Dans *La République*, Platon affirme que les guerriers auraient dû avoir le droit de se réserver les jeunes filles parce que leur sperme améliorait la qualité de la race. Le généticien et prix Nobel américain Hermann Muller avait des idées semblables qu'il entendait appliquer aux hommes de réflexion plutôt qu'aux hommes d'action.

Muller défendit longtemps l'idée de créer des banques du sperme où seraient conservées des donations faites par des hommes à l'esprit brillant. À la fin des années 1970, Robert Graham, un milliardaire californien qui pensait que les « humains rétrogrades » appauvrissaient peu à peu le patrimoine génétique, suivit le conseil de Muller et créa son propre Repository for Germinal Choice (Centre de dépôt d'embryons sélectionnés). Célèbre pour avoir inventé les verres de lunette incassables, Graham revendit sa société et se consacra tout entier à sa… vision ; il parvint même à convaincre trois lauréats du prix Nobel de devenir donneurs. Hélas, aussi éminent qu'il ait été, leur sperme déjà quelque peu âgé s'avéra trop pauvre pour être congelé. Graham choisit donc d'élargir sa recherche à de jeunes universitaires prometteurs, à des entrepreneurs et même à des médaillés olympiques. Détail important : les donneurs devaient posséder un QI avoisinant au moins 180 (on estime qu'il n'existe en Grande-Bretagne qu'une vingtaine de personnes à atteindre ce niveau). Graham fut accusé d'eugénisme, ce qui ne dissuada nullement les femmes – qui devaient elles aussi être brillantes et aisées pour prétendre profiter de l'aubaine – de postuler en nombre. L'identité des donneurs était gardée secrète, mais des informations sur leur poids, leur taille, leur âge, la couleur de leurs yeux, de leur peau et de leurs cheveux, ainsi que des données génétiques les concernant étaient fournies afin que les femmes puissent arrêter leur choix de la même façon que celles qui recherchent un donneur aujourd'hui.

Que le sperme puisse avoir une influence sur la santé et le psychisme féminins n'est pas une idée nouvelle – elle avait déjà cours autrefois chez les Grecs et les

Chinois. Au XVIIe siècle, dans l'Angleterre de la Restauration, on assurait aux adolescentes qui souffraient d'anémie qu'elles guériraient avec le mariage, quand elles seraient exposées à de fréquentes infusions de sperme. Marie Stopes, la pionnière anglaise du contrôle des naissances, n'affirmait pas autre chose lorsqu'elle déclarait que les « sécrétions stimulantes contenues dans la semence de l'homme » sont d'un grand bénéfice pour les femmes qui les absorbent, raison pour laquelle elle n'aimait pas les préservatifs. À la même époque, Walter, l'auteur de *Ma vie secrète*, exprimait sa conviction que « la lubrification spermatique est source de santé pour les femmes » et agissait en quelque sorte à la manière d'une boisson énergisante. Au début du XXe siècle, un pharmacien de Chicago commercialisa des pilules contenant des extraits de sperme, et pendant la Première Guerre mondiale les médecins de Harley Street prescrivaient des traitements à base de « sécrétions mâles » aux épouses privées d'accès à leur source habituelle du fait de l'absence de leurs maris occupés dans les tranchées.

Voir dans le sperme une sorte de tonique universel peut paraître absurde, mais une enquête menée par l'université de New York en 2002 laisse pourtant entendre le contraire. Les chercheurs ont en effet découvert que les femmes exposées au sperme par voie vaginale étaient moins déprimées que celles dont les partenaires utilisaient des préservatifs – et faisaient deux fois moins de tentatives de suicide que celles qui n'avaient jamais de relations sexuelles. Après avoir pris en considération la fréquence des relations des femmes sondées, la solidité de leur relation, leur personnalité et le fait qu'elles utilisent ou non des contraceptifs oraux, l'équipe de recherche décréta que le seul facteur pertinent pour expliquer les résultats constatés était le sperme. Une autre étude, plus récente, a conclu – en émettant toutefois des réserves – qu'avaler du sperme pouvait offrir aux femmes un semblant de protection contre le cancer du sein et contre la pré-éclampsie, cette dangereuse poussée d'hypertension associée à la grossesse.

On voit par là que le sperme ne contient pas seulement des hormones modificatrices de l'humeur qui rendent les femmes heureuses.

PETITE ARITHMÉTIQUE DU SEXE

Warren Beatty aurait eu des relations sexuelles avec plus de douze mille femmes, Georges Simenon avec plus de dix mille (la plupart du temps en payant, toutefois), Mussolini aurait entretenu pendant quatorze ans des relations sexuelles avec une femme différente chaque jour. On ne prête qu'aux riches. Naguère, on les qualifiait de « don Juan » ; aujourd'hui, on aurait plutôt tendance à voir en eux des accros du sexe et leurs transgressions seraient absoutes par une toute nouvelle industrie médiatique inventée pour les glorifier. L'addiction au sexe est-elle comparable à l'addiction à l'alcool ou à la drogue ? Ou bien, toute considération morale mise à part, ne peut-on pas plutôt imaginer qu'à condition qu'on leur accorde gloire et fortune (et accessoirement beauté), la plupart des possesseurs de pénis entretiendraient le plus naturellement du monde des relations sexuelles avec de nombreuses femmes ?

L'évolution des mœurs sexuelles implique que le possesseur de pénis lambda d'aujourd'hui a plus de chances de faire des rencontres sexuelles que ses prédécesseurs.

Une étude américaine sur la promiscuité sexuelle dans le monde, menée en 2008, s'est intéressée aux rencontres d'une nuit, aux « compagnonnages à court terme » et aux relations à plus long cours afin de mesurer ce que les psychologues nomment la « socio-sexualité » – l'étude de l'état d'esprit et du comportement des gens sexuellement libérés. Cette enquête, réalisée sur la base d'extrapolations, laissait entendre qu'en Occident, les Finnois seraient susceptibles d'avoir le plus grand nombre de partenaires sexuelles au cours de leur vie – cinquante et une –, les Britanniques arrivant en onzième position avec quarante. Mais il ne s'agissait en l'occurrence que d'une *projection.* Les données recueillies entre 1999 et 2002 par le National Center for Health Statistics américain indiquaient quant à elles qu'un tiers des possesseurs de pénis américains déclaraient avoir eu quinze partenaires, la moyenne se situant autour de sept. Un sondage très pointu, réalisé en Angleterre en 2002, révèle que le possesseur de pénis londonien ordinaire en revendique également quinze, tandis que ce nombre tombe à douze chez les provinciaux. Vrai ou faux ? Si l'on en croit un énième projet de recherche, ces nombres devraient être divisés par deux : les possesseurs de pénis mentiraient, y compris à eux-mêmes (comme les femmes, du reste, qui sous-estiment leurs scores de peur d'être jugées « faciles »).

Le décompte hebdomadaire des orgasmes (provoqués de quelque manière que ce soit) d'un possesseur de pénis dépend en grande partie de l'âge mais relève aussi, une fois encore, d'une auto-évaluation contestable. Au-delà de l'adolescence, où le besoin d'exutoire peut être au minimum quotidien, la moyenne hebdomadaire à l'âge adulte est de deux ou trois, une constante dans toutes les cultures et à toutes les époques. (Comme toute règle, celle-ci souffre des exceptions : Kinsey rencontra un homme qui avait en moyenne trente-trois orgasmes hebdomadaires depuis trente ans.)

Certains hommes arrivent à copuler trois voire quatre fois par nuit jusqu'à la trentaine, mais la moyenne chez les adultes actifs est de deux fois par semaine, même si le sondage que Durex effectue depuis 2006 propose un nombre moyen de cent vingt-sept relations sexuelles par an. Les résultats par pays placent les Russes, les Hongrois et les Bulgares en tête avec cent cinquante relations tandis que les Suédois (cent deux), les Malais (cent) et les Singapouriens (quatre-vingt-seize) traînent en queue de peloton. Quant aux Japonais, ils semblent bien être ceux que leur vie sexuelle satisfait le moins.

Le nombre de fois où un homme connaît l'orgasme coïtal dans le cadre de ses relations est donc facile à établir : une ou deux fois est la norme communément admise. Mais tandis que beaucoup d'hommes de tous âges ne désirent rien d'autre qu'un seul orgasme, deux ne suffisent pas à d'autres, trois restent concevables, encore que rarement à un rythme quotidien, et tout ce qui se situe au-delà relève de l'exceptionnel.

Dans son journal intime, James Boswell écrit que lors d'une rencontre avec une certaine Louisa en 1763, « je me perdis cinq fois dans une extase suprême ». Selon les tabloïds britanniques, Sir Ralph Halpern, le premier cadre supérieur britannique à avoir gagné un million de livres, et l'inventeur Sir Clive Sinclair méritaient les gros titres qu'ils leur consacrèrent quand leurs jeunes maîtresses révélèrent qu'ils étaient des hommes à cinq coups par nuit, alors qu'ils avaient tous deux déjà atteint la cinquantaine. Le footballeur brésilien Ronaldinho leur succéda à la une quand une strip-teaseuse anglaise affirma qu'il l'avait « aimée » (sans recourir à aucun expédient) huit fois en une seule nuit. Huit fois seulement ? Victor Hugo, sexuellement hyperactif tout au long de sa longue vie, prétendait qu'il avait honoré neuf fois son épouse lors de leur nuit de noces. Neuf ? Si l'on en croit les anthropologues, dix fois par nuit n'a rien d'extraordinaire pour les polygames Chaggas de Tanzanie. Dix ? Toujours prompte à tourner en dérision les performances de la plupart des hommes, l'insatiable Mae West ne tarissait pas d'éloges au sujet d'un Français nommé Dinjo qui, affirmait-elle, l'avait honorée vingt-six fois lors de leur unique rencontre – un vrai dur s'il en fut.

Selon l'Organisation mondiale de la santé, environ cent millions de rapports sexuels ont lieu chaque jour.

Et tout le reste est littérature

Au cours de ses examens en laboratoire sur la sexualité humaine, le sexologue William Masters enfonçait son doigt dans le rectum des hommes en pleins rapports sexuels afin de vérifier le degré de contraction de leur prostate pendant l'éjaculation. Chez les hommes de plus de soixante ans, il ne détecta rien. C'était en quelque sorte comme si l'on avait fixé une sourdine sur un instrument à cordes : les cordes continuaient de produire des notes, mais la résonance avait disparu.

Le déclin des prouesses sexuelles est inéluctable. À partir de l'âge mûr, les érections, qui jadis se manifestaient sans même qu'on les sollicite, ont désormais besoin d'être encouragées pour atteindre un garde-à-vous plus aussi fier qu'autrefois ; tout comme elle entraîne une perte de muscles et de taille, la vieillesse réduit également les dimensions du pénis : l'érection de dix-huit centimètres d'hier est désormais plus courte de deux ou trois centimètres. Et alors qu'il arrivait naguère encore à un homme de maintenir une érection pendant une heure tandis que son excitation sexuelle croissait sans cesse avant la jouissance, il découvre à présent qu'elle dure de moins en moins longtemps. Selon Alfred Kinsey, une érection de six ou sept minutes est tout ce qu'un homme de soixante ans et son pénis peuvent espérer. L'envie de relations sexuelles se fait également de moins en moins forte : une fois par semaine, une fois par mois, et puis de temps à autre.

Il peut y avoir toutefois des compensations pour un possesseur de pénis dont la libido diminue : la cinquantaine venue, il est capable quand le moment crucial approche de se retenir, chose qu'il lui était auparavant impossible de faire, et s'il a tiré quelques enseignements de l'existence, il peut considérer avec plus d'égards sa partenaire et retirer de cette nouvelle façon d'envisager la relation autant de satisfaction que de son self-control accru. Dans la vie en général, il lui arrivera sûrement de se montrer moins « chaud » – à partir de la trentaine, la testostérone, le combustible de ses pulsions sexuelles mais aussi de son agressivité, a commencé à décliner d'environ 1 % chaque année. Dans son roman *No More Mister Nice Guy*, Howard Jacobson écrit, au sujet d'un certain Frank ayant atteint l'âge mûr : « Vingt années plus tôt, dix années plus tôt, c'est sa bite qui aurait conduit. Quand on a cinquante ans, la grande consolation pour tous les autres organes, c'est qu'ils ont enfin le droit de prendre le volant. »

Mais la roue du temps tourne inexorablement. La vraie rigidité devient un lointain souvenir, la période réfractaire d'indifférence sexuelle après la jouissance se prolonge, les jours où l'on « venait » s'en vont. Sexuellement parlant, les hommes restent au bord de la route. À soixante-cinq ans la moitié sont hors service, comme ils le sont tous virtuellement dix années plus tard s'ils n'ont pas recours aux câbles de démarrage chimiques.

Les habitants des îles du Pacifique sud comparent la fin de la sexualité d'un homme à un bateau entrant dans les eaux paisibles d'un lagon après les turbulences de la haute mer. Certains hommes peuvent partager cette vision des choses et même teinter d'humour leurs regrets – à l'âge de soixante-dix-huit ans, un Winston Churchill sur le point de prendre la parole en public griffonna cette réponse sur la note que lui avait fait passer un de ses assistants pour lui signaler que sa braguette était ouverte : « Les oiseaux morts ne tombent pas du nid. » Mais la plupart répugnent à admettre que la *lunchbox* de leur jeunesse a atteint la date de péremption. Comme les acteurs sans emploi, eux et leur pénis font, disent-ils, seulement un « break ».

Même devenu sénile, un possesseur de pénis se considérera probablement encore comme un être sexué. Le poète italien Leopardi écrivait : « Il a beau prétendre le contraire, dans le secret de ses pensées le vieil homme ne cesse jamais de croire que par quelque singulière exception à la règle universelle il est, d'une manière aussi inconnue qu'inexplicable, encore capable de faire impression sur les femmes. » Dans les cas extrêmes, cela peut confiner à la démence pénienne. Mais quel que soit son âge, l'homme regarde, oh, jamais il ne cessera de regarder une poitrine rebondie, un fessier galbé, un visage qui lui fait penser : « Il fut un temps… », voire : « Aujourd'hui encore, si seulement… »

ÉPILOGUE

Frères siamois

Le pénis n'est pas seulement une partie du corps : il est un déterminant de l'identité et du comportement. En être doté peut entraîner son propriétaire vers des sommets très élevés ou le faire sombrer dans des profondeurs abyssales. Comme dans toute relation au long cours, il y a de bons et de mauvais jours.

La différence entre la libido, cette inextricable combinaison de cœur, d'esprit et d'hormones, des hommes et celle des femmes est considérable. Les premiers sont programmés pour chasser, pour répandre leur semence, les secondes pour préserver et nourrir, même si c'est là certainement une simplification hâtive. Ce qui est vrai, c'est que le fait de posséder un pénis peut permettre aux hommes de dépersonnaliser le sexe presque à volonté – quand ils sont dotés d'une volonté – et fait durant toute leur vie adulte « de la perpétuelle insatisfaction un fardeau à supporter » (Hanif Kureishi, *Intimité*). Que les hommes vagabondent ou s'aventurent là où ils n'auraient pas souhaité le faire, ils en tiendront probablement leur pénis et non eux-mêmes pour responsable, de la même façon que lorsqu'ils ne se sont pas montrés à la hauteur. C'est comme si, ironisait la sexothérapeute Barbara Keesling, leur pénis était un « étranger louant de l'espace dans leur caleçon ». Mais un possesseur de pénis pardonne presque toujours à celui-ci ses transgressions ; il est probable qu'il n'admonestera pas plus durement son appendice que le fait le héros de *Mon histoire secrète* de Paul Theroux qui « regardait souvent son pénis en pensant : espèce de *débile* ». Comment pourrait-il en être autrement ?

Si les femmes ont souvent plus à perdre que les hommes en se soumettant aux injonctions de leur libido, les seconds n'ont pas pour autant le monopole de l'infidélité. L'espèce humaine n'est que théoriquement monogame. Bien entendu, l'amour peut rimer, ou pas, avec toujours. Les femmes préfèrent en règle générale que le sexe soit associé à l'amour. Souvent, les hommes ne s'en soucient guère. Les hommes succombent plus facilement à l'amour, les femmes, elles, ont besoin de temps, comme c'est le cas au lit. Lit dans lequel les différents chemins empruntés par les unes et les autres pour que leur plaisir soit total peuvent entraîner toutes sortes de malentendus. Même lorsqu'elles sont le plus proches l'une de l'autre, les planètes Mars et Vénus restent malgré tout distantes de cent quarante millions de kilomètres.

Si le sexe est tellement compliqué, si les hommes et les femmes sont si imparfaitement assortis, pourquoi donc ce même sexe semble-t-il dominer à ce point leur vie ? Après tout, leurs cousins primates (à l'exception du chimpanzé bonobo) ne s'accouplent que quand la femelle est fertile (ce qui, dans le cas de la femelle gorille, ne se produit que pendant six jours tous les quatre ans). Comme le fait remarquer Jared Diamond, les humains « sont bizarres avec leur pratique quasiment permanente du sexe ». Pourquoi cela ? Parce que, souligne encore Diamond, le sexe humain ne répond pas uniquement à un impératif biologique. En dépit de tous les soucis et de toutes les douleurs qu'il cause aux possesseurs comme aux non-possesseurs de pénis, le sexe est fun. L'humoriste américain Henry Louis Mencken disait :

> Un monde sans sexe serait insupportablement lugubre. C'est l'instinct sexuel qui fait paraître les femmes belles, ce qu'elles sont tous les trente-six du mois, et les hommes sages et courageux, ce qu'ils ne sont absolument jamais. Étouffez-le, dénaturez-le, supprimez-le et l'existence humaine se réduira au niveau prosaïque, laborieux, ennuyeux et imbécile de la vie dans une fourmilière.

De nos jours, la science dissocie de plus en plus souvent le sexe de la reproduction. Le *Journal of Australia*, qui fait autorité dans le domaine de la fécondation in vitro, prédit que les rapports sexuels en tant que moyen de procréation sont amenés à disparaître au profit de technologies qui feront la part belle aux préférences génétiques et effaceront les risques génétiques. Robin Baker va plus loin encore en prédisant que « si le sexe n'a plus de raison d'être biologique et ne fait plus que rejouer d'antiques scénarios », son pouvoir d'attraction pourrait très bien décliner. Si cela devait arriver, le pénis deviendrait de moins en moins utile et pourrait, dans un millier d'années, retrouver les dimensions « gorillesques » qui étaient les siennes autrefois.

C'est là une vision qui relève de la science-fiction. Partout dans le monde, les possesseurs de pénis ne peuvent qu'espérer que leurs descendants combattront la fatalité évolutionniste en défendant chaque centimètre de leur territoire.

TABLE